AU CŒUR DES ASSOCIATIONS INTERMÉDIAIRES :
L'AGILITÉ AU SERVICE DES PERSONNES ET DES TERRITOIRES

_ 29 AVRIL 2018

_ **Auteurs**
Julien Alleau, codélégué COORACE Normandie
Laurent Bouvet, codélégué COORACE Normandie
Avec la contribution de Marlène Trézéguet, responsable du service juridique, COORACE
Et de Françoise Leroy, administratrice COORACE et pilote politique du projet AI

_ **Comité de lecture indicatif**
Éric Beasse, secrétaire général COORACE
Jean Burneleau, président COORACE
Arnaud Dalle, coprésident COORACE Normandie
Laurent Pinet, premier vice-président COORACE
Jacqueline Saint-Yves, membre du bureau COORACE

Citer ce rapport : ALLEAU J., BOUVET L., TREZEGUET M. et LEROY F. (2018),
Au cœur des Associations intermédiaires : l'agilité au service des personnes et des territoires, COORACE, Bagneux.

AIDE À LA LECTURE

Ce rapport comporte un sommaire synthétique ci-après et une table des matières détaillée.

Chaque chapitre est pensé dans son autonomie. Il comporte un résumé synthétique en page titre et s'appuie sur une introduction, une conclusion puis des « conditions de réussite » encadrées en bleu.

Dans chacun des chapitres, le lecteur trouvera en caractères gras un certain nombre de jalons au développement, en marge et en bleu des indications remarquables. Des figures et des tableaux sont également disponibles. Enfin, des encadrés sur fond bleu permettent d'identifier les témoignages ou les exemples de pratiques et de situations observées dans les Associations intermédiaires adhérentes à COORACE.

Crédit illustration de la couverture :
The Delphian Society, The World's Progress, Part III (Hammond, IN: W. B. Conkey Company, 1913)

SOMMAIRE

SOMMAIRE	5
AVANT-PROPOS	7
INTRODUCTION Penser l'Association intermédiaire portée par COORACE	11
CHAPITRE I. Des Associations intermédiaires COORACE	17
CHAPITRE II. L'accueil, une fonction au service de l'inclusion	31
CHAPITRE III. L'AI boîte à outils au service des parcours	43
CHAPITRE IV. Une durée de parcours adaptée au territoire	55
CHAPITRE V. L'AI employeur durable	65
CONCLUSION	75
ANNEXES	79
RÉFÉRENCES	83
TABLE DES ILLUSTRATIONS	87
PERSONNES-RESSOURCES	91

AVANT-PROPOS

AUJOURD'HUI TRENTENAIRES, LES ASSOCIATIONS INTERMEDIAIRES (AI) sont présentes sur l'ensemble du territoire national, y compris dans les territoires d'outre-mer. Leur maillage territorial est unique, à la fois en zone rurale et en zone urbaine. Les AI sont devenues, outre des acteurs de l'emploi pour tous, de véritables acteurs économiques à part entière. Dans certaines communes, elles sont même les principaux employeurs. Avec un chiffre d'affaires cumulé estimé à 400 millions d'euros par an, les AI contribuent au développement des territoires.

LES AI COORACE EN QUELQUES CHIFFRES

Avec 300 associations intermédiaires adhérentes au réseau, soit presque 60 % de ses entreprises solidaires adhérentes, COORACE est la première fédération d'AI en France.

Les quelque 50 000 nouvelles personnes accueillies en 2016 dans les AI COORACE reflètent l'importance de leur fonction « accueil ». Lieu d'écoute, elles emploient 1 800 salariés permanents, dont la mission est, en plus de l'accueil et de l'orientation des personnes (vers un parcours d'accompagnement dans l'AI, ou bien dans un autre type de structure), l'accompagnement professionnel et personnel tout au long du parcours d'insertion, voire plus.

Cette approche globale a permis à nos AI d'atteindre un taux de sortie vers l'emploi durable de 33 % en 2016. Elles ont par ailleurs réalisé un chiffre d'affaires moyen annuel de 647 000 euros[1] sur cette même période.

Encore aujourd'hui, l'Association intermédiaire est perçue comme un sas, un tremplin vers l'emploi durable ou, à défaut, vers une autre structure de l'IAE. Et pourtant, la pratique du terrain et les travaux menés en régions ont montré une véritable **mutation du rôle de l'Association intermédiaire** (acteur de proximité, défricheur de talents, employeur de dernier ressort) dont la consécration que nous appelons de nos vœux permettrait de satisfaire encore mieux les besoins des demandeurs d'emploi et des personnes précarisées.

L'Association intermédiaire portée par COORACE se présente comme un employeur d'insertion qui assure **l'accueil dynamique d'un public diversifié** et construit un **projet professionnel sur mesure** adapté aux besoins des salariés. Le réseau COORACE souhaite également faire reconnaître son rôle subsidiaire **d'employeur solidaire du territoire** proposant des emplois durables.

---

1. Les chiffres d'affaires varient de 50 000 euros à 2 800 000 euros.

L'accueil dynamique, le projet professionnel et l'emploi durable constituent le socle de l'action :

- **L'accueil dynamique du public** permet non seulement à l'Association intermédiaire d'accueillir, d'orienter et d'effectuer un diagnostic global de situation mais également de fournir des missions de travail « test » ou des « coups de pouce[2] » selon les besoins du demandeur d'emploi.
- **L'accompagnement socioprofessionnel et la sécurisation des parcours** sont essentiels pour mener à bien la mission d'insertion. Le réseau compte aujourd'hui de nombreuses initiatives inscrites dans une démarche plus longue et globalisante. L'allongement des durées de parcours et les nécessités de formation incitent au recours d'outils contractuels diversifiés et adaptés.
- **L'emploi durable pour le public sédentarisé[3]** : de nombreuses associations intermédiaires proposent des alternatives à l'emploi classique pour des publics sédentarisés spécifiques. Il est nécessaire d'approfondir les réflexions sur un cadre juridique adapté.

UN CHANTIER ENGAGÉ EN AOUT 2015

Ce travail est le fruit d'années de recherche et de recensement des pratiques innovantes des adhérents COORACE et de la Fédération des acteurs de la solidarité (FAS), après étude de leur impact et utilité sociale.

- Piloté par le conseil d'administration et le bureau, avec la participation sous différentes formes de nombreux adhérents, des délégués régionaux et de salariés du siège, d'administrateurs ;
- des groupes de travail animés par le national, des apports des régions, un « tour de France » sur le sujet, un travail lors de séminaires.

UNE JOURNÉE NATIONALE ORGANISÉE LE 8 JUIN 2016

Cette journée a été organisée avec la participation des pouvoirs publics et des partenaires (DGEFP, CGET, CFDT, FAS, etc.), pour présenter le fruit de ces travaux et formaliser dans un document de synthèse une description des différentes missions remplies par les AI dans leur territoire, sous l'intitulé « projet AI portée par COORACE ». Il ne s'agit pas de poser un modèle unique, mais - au travers d'un canevas - de se doter des outils de lecture pour mieux connaître, comprendre et structurer les missions et les actions développées par les AI.

La restitution des travaux et du projet qui en découle a lieu à l'occasion du **18ᵉ congrès COORACE** à la Cité des sciences et de l'industrie à Paris.

---

2. Forme d'accompagnement visant à répondre à des besoins urgents et temporaires.

3. Personnes salariées depuis plus de 24 mois par l'AI.

Le rapport permet :

- de mieux qualifier la notion « d'accueil dynamique en AI » et de quantifier les heures, les personnes investies dans l'accueil des publics ;
- d'illustrer les expériences menées par les adhérents pour mener à bien une « pédagogie de l'alternance » en mobilisant différents types de contrats et de leviers dans l'intérêt de la personne accompagnée, jusqu'à proposer des solutions d'emploi durable dans certaines situations (personnes, territoires).

En outre, ce rapport confirme et souligne :

- que l'AI se distingue parmi les structures de l'IAE **par sa fonction accueil :** un passage essentiel permettant soit de répondre aux enjeux de l'accès aux droits, soit de répondre par un accompagnement social et professionnel croisé à la mise en emploi, soit d'être simplement reçu et orienté vers le bon interlocuteur ;
- **que l'AI agit en complémentarité** avec les autres acteurs de l'IAE et qu'elle est souvent à l'origine des créations de nouvelles structures pour apporter des réponses adaptées ;
- qu'elle répond à des contextes très différents les uns des autres, en innovant et **en s'adaptant avec habileté aux évolutions des besoins des personnes et des territoires.**

En ce sens, l'AI peut être considérée comme une organisation « agile[4] ».

COORACE souhaite aller plus loin en se basant sur les analyses de ce rapport, pour créer les conditions optimales qui permettront à l'AI de mettre toute son action au service des publics. La fédération, au sein de ce rapport, formule des propositions claires, « les conditions de la réussite », afin de libérer tout le potentiel des associations intermédiaires, au cœur des territoires.

Jean Burneleau, Françoise Leroy et Éric Beasse

---

4. Ce concept, utilisé pour le titre de ce rapport, fait écho aux récents travaux de Lahasane Ouhki sur les GES : « … ces structures [sont] agiles et [répondent] aux différents critères suggérés, dont la capacité de réactivité de lecture de son environnement, de son marché et cette capacité d'apprentissage, au travers de sa réflexivité, son adaptation, sa flexibilité favorisée par les expérimentations originales que ces structures proposent ». OUHKI L. (2017). Organisation agile dans les groupements économiques solidaires, Master Management des petites et moyennes entreprises et économie sociale et solidaire, université de Rouen - IAE de Rouen.

PENSER L'ASSOCIATION INTERMEDIAIRE PORTÉE PAR COORACE

_ RÉSUMÉ

Créée dans les années 1980, l'AI constitue l'une des structures de l'Insertion par l'activité économique. Au carrefour des problématiques relatives à l'insertion professionnelle des personnes éloignées de l'emploi et l'inclusion sociale de celles confrontées à des précarités, l'AI réinterroge le rapport entre besoins collectifs non satisfaits et offre de services dans les territoires.

Dans un contexte où les frontières entre « emploi » et « non-emploi » sont de plus en plus floues, le positionnement de l'AI, entre objectif d'emploi durable et sécurisation des parcours, n'a jamais été aussi éprouvé qu'aujourd'hui.

À travers une documentation vaste, de nombreuses sources quantitatives et qualitatives, les « trois blocs » définis par « l'AI portée par COORACE » - accueil dynamique, parcours professionnel et emploi durable - sont interrogés à l'échelle des territoires. Cette ouverture méthodologique permet de déterminer le questionnement et les données nécessaires pour rendre compte, au plus juste, des Associations intermédiaires, de leurs fonctions, de leurs activités et de leurs impacts sur les personnes et les territoires.

LES ASSOCIATIONS INTERMÉDIAIRES ONT ETE CRÉÉES au milieu des années 1980. Issues d'initiatives citoyennes multiples, en dehors de tout cadre juridique préexistant, elles se sont structurées en réponse à l'augmentation du chômage de masse[5]. L'efficacité de ces initiatives solidaires a motivé la reconnaissance de l'AI par la puissance publique dans le cadre d'un conventionnement dédié[6]. Son essence est donc sa finalité : l'insertion sociale et professionnelle de personnes en difficulté d'accès à l'emploi. Le conventionnement n'est qu'un outil au service de ce but. L'AI est une des pierres angulaires de **l'insertion par l'activité économique,** aux côtés des entreprises d'insertion, des ateliers et des chantiers d'insertion et des entreprises de travail temporaire d'insertion : autant de **figures juridiques** utilisées comme outils complémentaires pour atteindre cet objectif. Intégrée dans le Code du travail aux articles L.5132-7 et suivants, elle dispose d'un régime juridique propre partiellement dérogatoire au droit commun en raison de ses spécificités et de sa finalité.

L'AI PORTÉE PAR COORACE

L'Association intermédiaire est une association conventionnée accompagnant les personnes sans emploi, rencontrant des difficultés sociales et professionnelles. À ce titre, elle peut faire de la mise à disposition de personnel à but non lucratif auprès de tout utilisateur (particuliers, collectivités ou entreprises) : ses activités ne sont plus limitées à la seule satisfaction de besoins collectifs non satisfaits (voir chapitre I). Elle doit remplir des objectifs de sortie en emploi des personnes et en rendre compte, dans le cadre de dialogues de gestion. Par ses activités, elle participe pleinement aux politiques de l'emploi en contrepartie d'une aide au poste, dont le montant a été défini en dernier lieu lors de la réforme du financement de l'IAE en 2014.

_ L'AI, entre objectif d'emploi durable et sécurisation des parcours

Pour réaliser ses missions, l'Association intermédiaire conclut un contrat de travail avec le salarié en parcours.

L'Association intermédiaire nécessite un conventionnement[7]. C'est une condition de fond - une condition d'existence - pour qu'une association puisse exercer des activités relevant du régime spécifique de l'Association intermédiaire. Aussi, **il convient de distinguer l'AI conventionnée de la structure qui la porte** afin d'éviter toute confusion. En effet, une AI peut aussi bien être la SIAE unique d'une association,

---

5. Les associations intermédiaires sont consacrées légalement par la loi du 27 janvier 1987 portant diverses mesures d'ordre social, JO 28 janvier 1987, p.991.

6. Le conventionnement a remplacé l'agrément avec la loi n° 98-657 du 29 juillet 1998 d'orientation relative à la lutte contre les exclusions, JO 31 juillet 1998, p.11679.

7. C. trav., art. L. 5132-2.

coexister avec un atelier et chantier d'insertion au sein d'une même structure juridique[8], ou encore être intégrée en tant que SIAE dans un Groupe économique solidaire[9] ou un ensemblier[10]. En cela, la fédération COORACE a toujours promu une vision multioutil pour offrir des réponses adaptées aux contextes territoriaux et aux besoins des salariés en parcours (voir chapitre I).

Comme toute structure de l'Insertion par l'activité économique (IAE), **l'AI se situe ainsi au cœur des problématiques de cohésion sociale** définies par Robert Castel[11]. Son objectif est de faciliter l'intégration - *travail stable et insertion relationnelle solide* - de publics en situation de vulnérabilité sociale - *entre précarité du travail et fragilité des relations* - ou de désaffiliation - *absence de participation à toute forme productive et isolement relationnel*. Depuis son origine, le questionnement porté par l'AI s'est voulu facilitateur, croisant insertion professionnelle (travail) et inclusion sociale (société). Les AI entendaient alors réinterroger le rapport entre offre et demande selon des logiques nouvelles.

Si l'ambition est demeurée intacte en plus de 30 années d'existence, le modèle d'action a beaucoup évolué. Cependant, d'aucuns se réfèrent souvent au modèle initial qui participa à sa création au milieu des années 1980 : un outil d'accueil des publics dont l'objectif est leur sortie en emploi durable à travers un parcours de sécurisation croisant missions de travail et accompagnement socioprofessionnel. Il s'agit de la fonction de sas vers l'emploi ordinaire, qui préside à la constitution de l'IAE comme secteur identifié comme tel.

Force est d'admettre que la fonction de sas a été pensée à une époque où les frontières entre « emploi » et « non-emploi » étaient tracées de façon beaucoup plus nette qu'aujourd'hui. Ce n'est pas rendre justice aux AI que de les regarder selon ce seul postulat en 2018. En effet, l'AI met en œuvre un ensemble de processus et dispositifs au bénéfice des publics qui la traversent. Cette capacité à intervenir de façon différenciée permet aujourd'hui à l'AI de répondre à l'évolution des formes de précarité, dont l'émergence de la figure du travailleur pauvre confronté à des périodes d'alternance entre « emploi » et « non-emploi », par exemple. Par conséquent, cette posture favorise le dépassement de la notion de sas pour explorer celle de sécurisation des parcours.

_ L'AI, une structure hybride

Pour autant, les AI sont, comme nombre d'entreprises sociales, « hybrides[12] ». Aussi sont-elles confrontées à des impératifs de performance d'un point de vue commercial, mais aussi d'un point de vue social. Cette problématique est potentiellement génératrice d'injonctions contradictoires ou de situations paradoxales.

---

8. C'est ce qui résulte de l'article R. 5132-12 du Code du travail selon les termes duquel la convention comporte « le cas échéant, la mention de l'existence d'une autre convention au titre d'une structure de l'insertion par l'activité économique ».

9. Les GES développent des projets collectifs de contribution à la création d'activités économiques sur les territoires. La loi sur le RSA et les politiques d'insertion du 1er décembre 2008, dans son article 20, lui donne une définition légale : « Afin de favoriser la coordination, la complémentarité et le développement économique du territoire et de garantir la continuité des parcours d'insertion, une personne morale de droit privé peut porter ou coordonner une ou plusieurs actions d'insertion » (art. L. 5132-15-2 du Code du travail). Voir Alternatives économiques (2010). « L'insertion par l'activité économique », Alternatives économiques, coll. « Hors-Série poche », n° 44.

10. L'ensemblier d'insertion vise la réunion de structures d'insertion dans une logique de coopération visant à coordonner les parcours d'insertion et à mutualiser les moyens.

11. CASTEL R. (1995). Les métamorphoses de la question sociale : une chronique du salariat. Paris, Fayard ; CASTEL R. (2003). L'Insécurité sociale. Qu'est-ce qu'être protégé ? Paris, Le Seuil, 2003.

12. BATTILANA J. et al. (2010). « Building sustainable hybrid organizations: The case of commercial microfinance organizations », Academy of Management Journal, 53/6.
BATTILANA J. et al. (2012). « In search of the hybrid ideal . », Stanford Social Innovation Review, 10/3.

Figure 1. L'AI portée par COORACE au regard des engagements qualité : les trois blocs

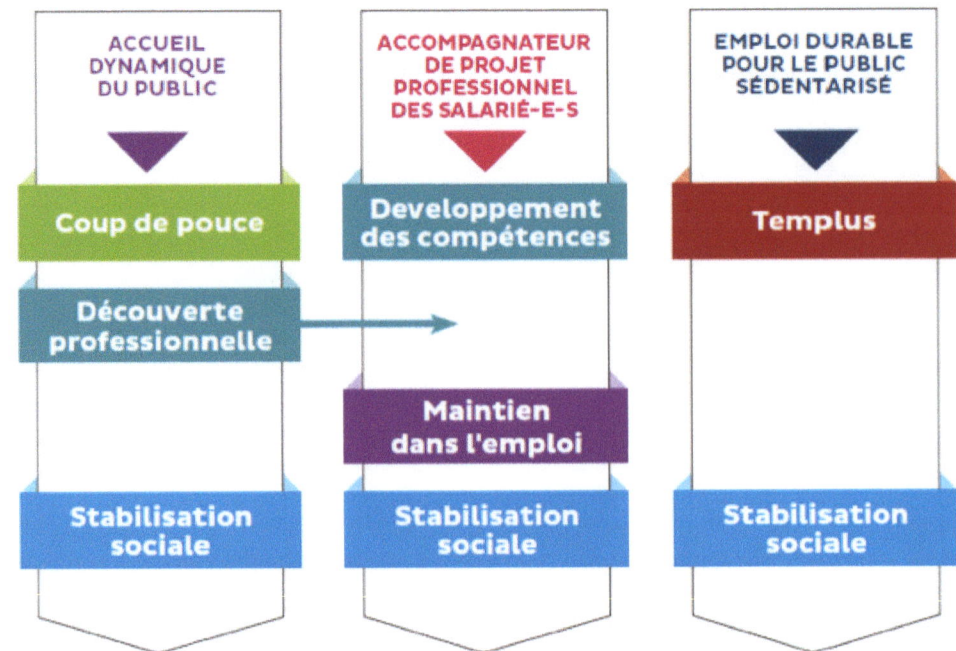

De cette analyse est née l'« AI portée par COORACE ». Il s'agit d'un canevas permettant de penser **trois périmètres d'actions** qui sont autant de périmètres de compétences développés par l'AI. Pensées sous formes de « blocs », ces actions se déclinent en trois temps.

- Un premier bloc relève de **l'accueil dit « dynamique »**. Cette phase met en œuvre un diagnostic, une orientation, une réponse individuelle et une analyse de la possibilité de missions test ;
- un deuxième bloc regroupe **la mise en œuvre des parcours,** qui s'appuie notamment sur une logique de « pédagogie de l'alternance » ;
- enfin, un troisième bloc consolide l'ensemble des missions et enjeux fixés aux AI. C'est celui de **l'emploi durable.**

Ces trois blocs ne sont pas uniformes et leur définition est étroitement dépendante des choix faits par l'AI. Ce sont ces trois blocs, et les diverses réalités qu'ils recouvrent, qui constituent le fil conducteur de ce rapport.

Dans ce cadre, rendre compte des actions portées par les Associations intermédiaires, de leurs publics, de leurs impacts sur le territoire, de leurs stratégies ou de leurs outils impose la mobilisation d'une documentation étendue.

Quels sont les sources et témoignages à disposition du réseau ? Quelles sont les données qualitatives et quantitatives mobilisables ?

LES SOURCES

_ **Bibliographie**
Trois catégories documentaires peuvent être distinguées.

La **documentation issue des institutions** est nombreuse et traite des aspects juridiques et socioéconomiques des AI. Ces ressources sont issues du ministère du Travail, de l'Administration centrale et des Services déconcentrés de l'État, d'établissements publics, qu'il s'agisse de la Délégation générale à l'emploi et à la formation professionnelle (DGEFP), de la Direction de l'animation de la recherche, des études et des statistiques (Dares) ou encore des Directions régionales des entreprises, de la concurrence, de la consommation, du travail et de l'emploi (Direccte), Pôle Emploi, etc. Cette documentation revêt plusieurs formes, allant du texte de loi à l'instruction en passant par le rapport.

La **documentation COORACE** et celle de ses partenaires sont également abondantes. Elle apparaît sous forme de manuels, de fiches juridiques, techniques ou méthodologiques, d'articles divers, publiés par voie électronique le plus souvent.

Enfin, **la documentation issue de revues ou d'ouvrages** est précieuse. Celle-ci rend compte des divers aspects relatifs à l'activité des AI. À ce titre, citons les cahiers publiés par la revue *Actualités sociales hebdomadaires*, ou les divers articles et hors-séries publiés par des revues grand public, comme *Alternatives économiques*. D'autres publications sont le fruit des recherches effectuées par le Groupe de recherche sur l'éducation et l'emploi (2L2S-Gree) et du Cerefige dans le cadre de l'université de Lorraine, par le LBNC dans le cadre de l'université d'Avignon, et de quelques autres laboratoires ou groupes de recherche. Elles ont produit de nombreux articles de sociologie, d'économie, de gestion ou de psychologie sur l'IAE, mais rares sont les chercheurs à s'être intéressés à l'Association intermédiaire en tant que telle et au-delà du thème de « l'accompagnement ».

LES SOURCES QUANTITATIVES DE LA FÉDÉRATION COORACE

COORACE a développé un certain nombre d'outils descriptifs, dont l'Observatoire et le Baromètre économique. Ces deux outils s'appuient sur des enquêtes réalisées trimestriellement ou annuellement auprès des adhérents du réseau. Elles permettent de recenser diverses informations relatives :

- aux salariés en parcours ;
- au financement des fonctions portées par les AI ;
- aux clients économiques ;
- aux partenaires de l'action sociale et professionnelle mobilisés en articulation avec l'AI ;

Si ces différentes thématiques peuvent se penser dans leur globalité, l'intérêt des données COORACE est de permettre un traitement des informations par structure. De ce fait, les trajectoires des structures sur ces sujets, mais aussi les différences et ressemblances, d'une structure à une autre, peuvent être observées.

L'intérêt de ces données est aussi de favoriser une mise en contexte de l'action de l'AI sur son territoire : elle permet de distinguer la structure juridique de la SIAE conventionnée ; elle facilite une lecture du contexte territorial dans lequel elle s'insère.

Pour les besoins de ce rapport, les données de 135 AI récoltées dans le cadre de l'Observatoire COORACE 2016 ont été analysées.

Enfin, et dans le but de parfaire l'approche, une enquête a été réalisée entre le 26 février et 10 mars 2018 auprès des AI adhérentes COORACE. Cette enquête, construite en complémentarité de l'Observatoire, s'est focalisée sur la fonction accueil de l'AI et a permis de récolter les informations auprès de 94 d'entre elles.

DES ASSOCIATIONS INTERMÉDIAIRES COORACE

_ RÉSUMÉ

Les quelque 300 AI rassemblées au sein de la fédération COORACE constituent des points d'accès pour les personnes éloignées de l'emploi dans la majorité des territoires de la République.

Véritables acteurs de services ouverts aux publics, elles apparaissent sous une étonnante diversité. Leur place au sein des structures de l'économie sociale et solidaire, actrices pour l'emploi, en atteste : les AI sont tantôt SIAE unique d'une structure, tantôt SIAE intégrée en Groupe économique solidaire. À travers ces espaces, elles promeuvent des métiers très variés et cohérents avec leurs territoires de conventionnement : des emplois en collectivité territoriale aux emplois auprès de particuliers en passant par l'entreprise privée à but lucratif. Les évolutions législatives successives depuis leur création ont prouvé leur formidable capacité d'adaptation ainsi que leur performance dans l'accompagnement des publics éloignés de l'emploi. Les AI sont toutefois dans une insécurité juridique permanente du fait de l'imprécision du cadre réglementaire et des risques économiques qui pèsent sur elles.

Cette diversité de territoires et de clients économiques constitue une garantie de parcours adaptés s'appuyant sur des métiers proches des attentes et des profils du public qu'elles rencontrent. Ce public, éprouvant des difficultés au regard d'un faible niveau de diplôme ou de qualification, mais aussi au regard de problématiques sociales, fait de l'AI une structure IAE atypique. SIAE structurante d'un Groupe économique ou SIAE unique d'une association, l'AI apparaît « agile ». Son positionnement territorial en atteste : entre déterminisme imposé par la situation de l'emploi dans les territoires et possibilisme généré par des projets associatifs qui s'adaptent et évoluent.

« Je suis fier qu'il [le projet de loi portant création des AI] ait ainsi abouti et permis à un secteur entier de se créer et de se développer autour d'une idée forte, généreuse, intelligente et exigeante qui faisait se rencontrer les besoins économiques des utilisateurs et le besoin de dignité et de réinsertion des plus démunis. »

Philippe Seguin, à l'occasion du 20ᵉ anniversaire de la loi portant création des AI[13]

LA LOI DU 27 JANVIER 1987, portée par Philippe Seguin, a offert une reconnaissance à l'initiative pour l'emploi portée par l'Association intermédiaire (AI). Au milieu des années 1990, la France compte plus de 1 100 AI. **Trente et un ans plus tard, après avoir connu une forte croissance à la fin des années 1980 et au début des années 1990, leur nombre tend à diminuer.** Aujourd'hui, les créations d'AI sont quasi nulles et leur nombre total, porté à 745 en 2013, 690 en 2016[14], connaît toujours une diminution. Des regroupements d'AI ou des disparitions accompagnées de redéfinitions des territoires de conventionnement des AI limitrophes ont lieu. Pour autant, ces structures développent une action qui couvre une très large partie du territoire national.

LES AI COORACE : QUELLE DISTRIBUTION EN FRANCE ?

_TROIS CENTS AI : 300 territoires ?

COORACE fédère près de 300 d'entre elles. Toutes s'insèrent dans des territoires très divers, tant du point de vue de la distribution de la population, de la distribution et de la sectorisation des emplois que de l'accessibilité des services publics, etc. En observant les densités de population des circonscriptions des Établissements publics de coopération intercommunale (EPCI) dans lesquels se situent les AI, plusieurs constats peuvent être dressés. Ainsi, 30 % des AI sont situées dans des EPCI dont les densités de population sont inférieures à 84 habitants au kilomètre carré, soit des espaces très peu denses. *À contrario,* 30 % œuvrent dans des EPCI aux densités de population supérieures à 453 habitants au kilomètre carré. Ainsi, 40 % s'insèrent dans des espaces intermédiaires (Tableau 1).

> 30 % des AI sont situées dans des EPCI dont les densités de population sont inférieures à 84 habitants au km² [...] 30 % dans des EPCI [...] supérieures à 453 habitants au km²

---

13. COORACE (2010). « COORACE rend hommage à Philippe Seguin », Communiqué de presse du 12 janvier 2010.

14. DARES (2015). L'Insertion par l'activité économique en 2013 ; stabilité de l'emploi et de l'activité. Analyse n° 046 ; Dares (2017). L'insertion par l'activité économique en 2016 : stabilité de l'emploi malgré une reprise des embauches dans les EI et les ETTI, Analyse, n° 74.

Les AI COORACE couvrent 71 départements métropolitains (Figure 2), à l'exception d'un espace allant des Pyrénées aux Ardennes dont les contours sont proches de la « Diagonale des faibles densités » caractérisée par les géographes[15]. En outre neuf AI COORACE sont implantées en outre-mer : Mayotte, Réunion, Antilles.

QUANTILE	DENSITÉ
Valeur minimale	2,1
Première (10 %)	42
Deuxième (20 %)	61
Troisième (30 %)	84
Quatrième (40 %)	117
Médiane (50 %)	158
Sixième (60 %)	265
Septième (70 %)	453
Huitième (80 %)	738
Neuvième (90 %)	1 790
Valeur maximale	8 598

Tableau 1. Répartition des AI selon la densité de population des EPCI par quantile

Source : Base de données Eureka - COORACE

Lecture : 10 % des AI œuvrent dans des circonscriptions d'EPCI dont les densités de population sont inférieures à 42 habitants par km².

---

15. PISTRE P. (2012). Renouveaux des campagnes françaises : évolutions démographiques, dynamiques spatiales et recompositions sociales. Thèse de doctorat de géographie, université Paris Diderot - Paris 7.

Figure 2. Localisation des Associations intermédiaires COORACE en France métropolitaine

Source : Base de données Eureka - COORACE

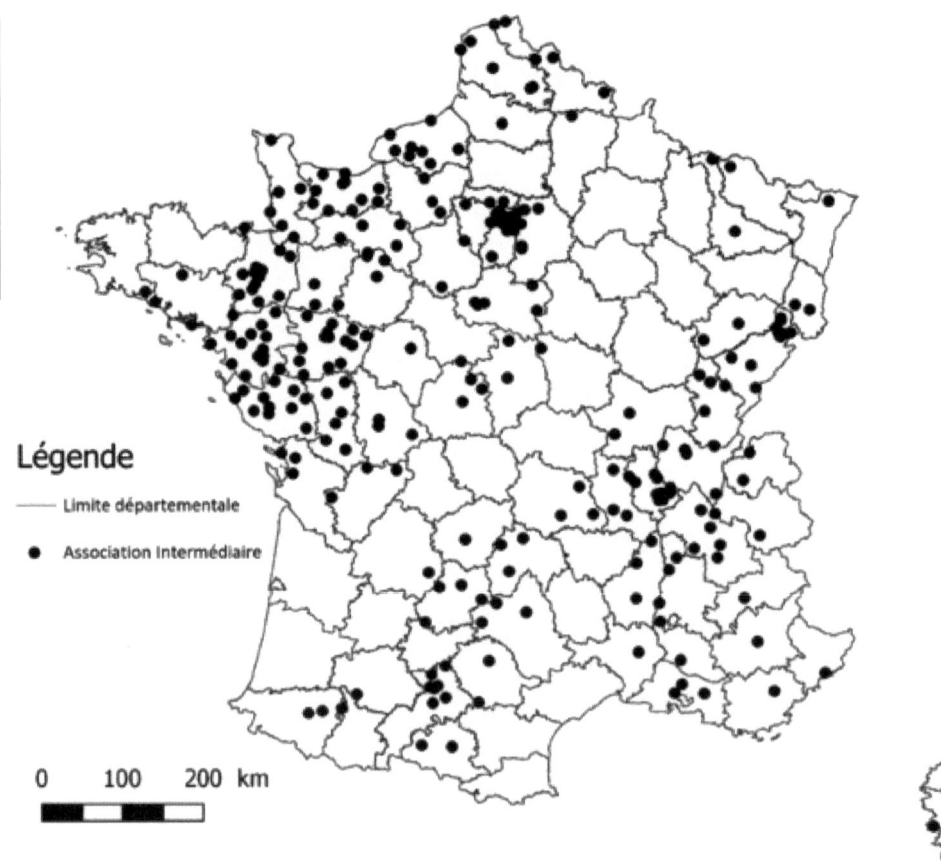

33 % des AI COORACE sont intégrées en Ensemblier ou GES.

La diversité des territoires d'implantation traduit des situations très diversifiées en termes de précarité ou de dispositifs de lutte contre le chômage. Dans ces conditions, l'identité des AI - *les dispositifs, méthodes et outils qu'elles mobilisent* - semble plurielle.

À l'exception des métropoles, où plusieurs AI peuvent intervenir sur un même territoire conventionné par l'État, il apparaît que les AI adhérentes COORACE s'insèrent dans des territoires différents les uns des autres, c'est-à-dire sans chevauchement total de territoires conventionnés, dans une très large majorité (91 %). Leur positionnement territorial révèle ainsi des territorialités majoritairement complémentaires dans l'espace.

_Un outil d'insertion intégré ou non à une structuration complexe

L'Association intermédiaire peut être combinée avec d'autres Structures d'insertion par l'activité économique (SIAE), comme le permet la loi avec le multiconventionnement. Les AI peuvent être recensées et distinguées selon qu'elles sont intégrées ou non dans un groupement ou un ensemblier (Figure 3)[16]. En effet, nombre d'AI adhérentes à COORACE sont intégrées dans un groupement de structures qui, dans certains cas, a donné lieu à l'émergence d'un Groupe économique solidaire (GES) ou d'un Pôle territorial de

---

16 V. supra, p. 10.

coopération économique (PTCE) [17]. Ainsi, COORACE compte une trentaine de GES et PTCE, à l'instar d'Intermed (Doubs), Archer (Drôme), etc.

Ce nombre ne rend cependant pas compte des ensembliers en cours de structuration GES, et dont l'AI est la structure originelle. Les AI intégrées à des ensembliers sont pourtant très nombreuses et représentent 19 % des AI adhérentes selon les données de l'Observatoire COORACE 2016. En outre, 80 % des GES s'appuient sur une AI qui fut à l'origine de la création de nouvelles structures.

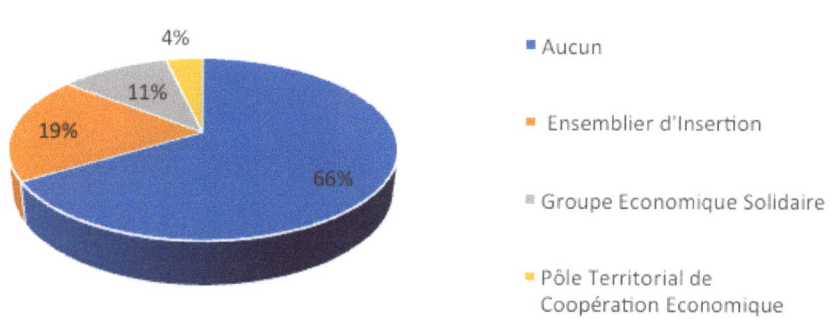

Figure 3. L'AI intégrée ou non à une structuration complexe

Source : Observatoire COORACE 2016

Le tiers des AI adhérentes est donc intégré dans des groupements aux logiques et aux configurations juridiques et opérationnelles variées. La mise en cohérence des SIAE au sein d'une même entité induit une organisation de services et une mise en action des trois blocs de l'AI portée par COORACE, tels que définis précédemment, à des degrés différents *a priori* des structures uniques d'insertion (voir les chapitres suivants). À titre d'exemple, l'atteinte du seuil des 480 heures[18] n'a pas le même impact dans un GES s'appuyant sur une AI et d'autres SIAE. Cette situation favorise des continuités de parcours définies par le projet social du groupe.

Une corrélation semble apparaître entre la constitution d'ensemblier ou de GES et le type d'espace dans lequel s'insère la structure. Une première enquête a pu être menée à l'échelle de la Normandie et démontrer un nombre relatif d'AI, comme SIAE non intégré à une structuration complexe, plus important dans les espaces de très faibles densités comparativement (Tableau 2).

	AI	ENSEMBLIER	GES
Moyenne des densités	139,2	261,2	597,75
Écart-type	176,17	256,64	270,59

Tableau 2. L'exemple normand : l'AI rurale et le GES urbain

Source : Base de données Eureka - COORACE Normandie

---

17. La loi relative à l'ESS du 31 juillet 2014 reconnaît les PTCE dans son article 9 : « Les pôles territoriaux de coopération économique sont constitués par le regroupement sur un même territoire d'entreprises de l'économie sociale et solidaire, au sens de l'article 1er de la présente loi, qui s'associent à des entreprises, en lien avec des collectivités territoriales et leurs groupements, des centres de recherche, des établissements d'enseignement supérieur et de recherche, des organismes de formation ou toute autre personne physique ou morale pour mettre en œuvre une stratégie commune et continue de mutualisation, de coopération ou de partenariat au service de projets économiques et sociaux innovants, socialement ou technologiquement, et porteurs d'un développement local durable. »

18. Voir « Les activités de l'AI en 2016… », p. 25.

DES STRUCTURES QUI RECHERCHENT LEUR AUTONOMIE FINANCIÈRE ?

L'évolution de la réglementation des AI a eu un impact sur leurs activités et leur modèle économique. L'AI est de moins en moins une SIAE subventionnée de la politique de l'emploi, mais une figure juridique pleinement inscrite dans le champ concurrentiel et dont le régime tend vers l'application du droit commun en dépit des spécificités et des difficultés rencontrées pour la réalisation de sa mission.

_ L'évolution du cadre juridique : impact sur les modèles économiques

La loi du 27 janvier 1987 portant diverses mesures d'ordre social prévoyait que l'Association intermédiaire était une association agréée par l'État pour une période d'un an après avis des organisations professionnelles concernées[19]. L'AI avait initialement :

> « pour objet d'embaucher des personnes dépourvues d'emploi pour les mettre, à titre onéreux, à la disposition de personnes physiques ou morales pour des activités qui ne sont pas déjà assurées, dans les conditions économiques locales, par l'initiative privée ou par l'action des collectivités publiques ou des organismes bénéficiant de ressources publiques ».

Dans cette conception, la loi prévoyait que :

> « l'agrément d'une Association intermédiaire lui permet de bénéficier, dans les mêmes conditions, du régime applicable aux associations d'intérêt général, sans but lucratif et à gestion désintéressée ».

La loi du 29 juillet 1998 d'orientation relative à la lutte contre les exclusions dote le secteur de l'insertion par l'activité économique d'un statut différencié dans le Code du travail[20]. L'agrément se transforme en conventionnement. **Les activités des AI ne sont plus limitées à la satisfaction de besoins collectifs non satisfaits.** La clause de non-concurrence supprimée, les interventions auprès d'employeurs de droit privé requièrent la signature d'une convention de coopération avec l'Anpe (aujourd'hui Pôle Emploi). Ainsi, l'article L. 322-4-16 - I - définit l'IAE :

> « L'insertion par l'activité économique a pour objet de permettre à des personnes sans emploi, rencontrant des difficultés sociales et professionnelles particulières, de bénéficier de contrats de travail en vue de faciliter leur insertion sociale et professionnelle. Elle met en œuvre des modalités spécifiques d'accueil et d'accompagnement. »

Le 1er mai 2008, l'ancien Code du travail est abrogé et remplacé par un nouveau Code recodifié[21]. Dès lors, les obligations des AI tendent encore plus vers l'application du droit commun. Les obligations antérieurement limitées au secteur marchand sont étendues : principe d'égalité de traitement en matière de rémunération, paiement des jours fériés.

Enfin, en 2014, la réforme du financement de l'IAE généralise l'aide au poste d'insertion pour le financement des quatre catégories de SIAE[22]. Cette aide se substitue à toutes les aides versées par l'État jusqu'alors. Pour autant, les exonérations sociales spécifiques pour les AI sont maintenues. Plusieurs éléments nouveaux apparaissent, comme la modulation d'une partie de l'aide au poste basée sur trois critères : le profil des personnes accueillies, les efforts d'insertion de la structure, les résultats en termes d'insertion. La fixation des règles de modulation s'effectue au niveau national tandis que des marges de manœuvre sont permises au niveau local. Le recours au Fonds social européen pour le financement de l'aide au poste dans les SIAE est supprimé.

---

19. Loi n° 87-39 du 27 janvier 1987 portant diverses mesures d'ordre social, op. cit., article L. 128-1.

20. Loi n° 98-657 du 29 juillet 1998 d'orientation relative à la lutte contre les exclusions, op. cit., p. 11679.

21. Ordonnance n° 2007-329 du 12 mars 2007 relative au Code du travail, JO du 13 mars 2007, p. 4740.

22 Décret n° 2014-197 du 21 février 2014 portant généralisation de l'aide au poste d'insertion et diverses mesures relatives à l'insertion par l'activité économique, JO 23 février 2014, p. 3227.

_ De la fonction AI à la recherche de dispositifs complémentaires

Rares sont les études proposant un suivi des AI, nominativement, au cours des dernières années. C'est pourtant le seul moyen de « prendre le pouls de l'AI ». Seul le sondage nous permet d'envisager la question de l'évolution des budgets annuels. Ainsi, sur 14 AI du Calvados, de la Manche et de l'Orne, pour lesquelles nous disposons des données de 2010 à 2016, une progression de 8 % du chiffre d'affaires est observée. Pour autant, entre ces deux mêmes années, le poids des subventions attribuées semble avoir légèrement diminué, passant de 7,5 % du budget à 6,8 %. De plus grandes difficultés à l'obtention de subventions auprès des collectivités constituent une hypothèse explicative. Malgré un léger rehaussement de l'aide au poste pour la majeure partie des AI de l'ex-Basse-Normandie, la fin de mesures comme l'Accompagnement social individualisé (ASI) ou d'autres mesures portées par l'Anpe puis par Pôle Emploi a sans doute entraîné cette diminution.

Si l'on se focalise sur la seule activité de l'AI, il apparaît que 65 % des AI ayant répondu à l'Observatoire COORACE 2016 ont déclaré que la part des subventions accordées au titre de l'aide au poste représente 3 à 5 % du budget annuel. Cette subvention ne porte que sur l'activité d'AI telle que définie par la loi.

Pour autant, nombreuses sont les structures à avoir adapté leur pratique au territoire, aux besoins repérés des personnes accueillies, et à avoir fait des choix stratégiques et d'ordre juridique.

- **Certaines ont étayé l'AI de dispositifs complémentaires** qu'elles portent avec le soutien des collectivités territoriales et du Fonds social européen (FSE). Il en est ainsi d'outils sur la mobilité, sur le logement, sur un accompagnement social renforcé tandis que ces fonctions n'étaient pas ou difficilement accessibles sur le territoire ;
- d'autres ont créé en leur sein une **autre structure d'insertion,** dont le montant des subventions est plus conséquent. À titre d'exemple, citons le cas de l'AI et de l'Atelier et chantier d'insertion (ACI) réunis en une même structure juridique ;
- enfin, **certaines AI s'insèrent dans des configurations territoriales particulières,** telles que les Quartiers prioritaires de la ville (QPV), et participent donc à la mise en œuvre de dispositifs spécifiques répondant à des objectifs contractuels avec, pour contrepartie, une subvention.

> 45 % des montants de subventions attribuées aux AI sont des subventions complémentaires à l'aide au poste

Ces compléments de subventions représentent 45 % de la part totale des subventions allouées aux AI COORACE et concernent plus de neuf AI sur 10 dans des proportions très variables. **Cependant, le volume total des subventions attribuées aux AI n'excède guère les 11 %.**

Au total, toutes subventions incluses, 65 % des AI COORACE mobilisent moins de 10 % de subvention, dont l'aide aux postes, dans leur budget annuel. Elles sont 25 % à mobiliser entre 10 et 15 % de subvention. En d'autres termes, les AI s'appuient massivement sur la vente des heures de mise à disposition, pour environ 89 % de leur budget annuel (Figure 4).

> 65 % des sondés indiquent que la part des subventions accordées au titre de l'aide au poste représente 3 à 5 % du budget annuel

LES ACTIVITES DE L'AI EN 2016, UN TÉMOIGNAGE DE STRATÉGIES D'ADAPTATION

Le rapport de la Dares[23], publié en 2014 révélait que, en 2012, 42 % des heures travaillées par les salariés en insertion des AI concernaient les particuliers. Ce volume relatif atteignait 14 % auprès des entreprises, 19 % auprès des associations et 20 % auprès des collectivités.

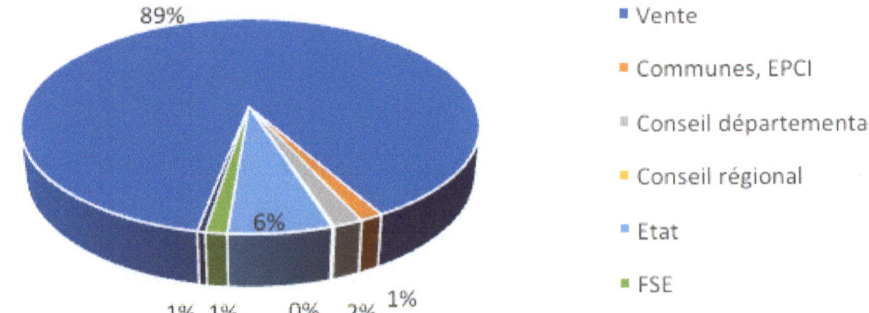

Figure 4. Budget moyen des AI COORACE en 2016

Source : Observatoire COORACE 2016

_ Une diversité de clients économiques

Le mouvement des heures travaillées a connu plusieurs événements importants depuis le début du siècle. Au lendemain de la loi du 29 juillet 1998[24], instaurant la limite d'activité en entreprise, **un effondrement des heures travaillées en entreprise a fortement impacté les AI**, au point de marquer un coup d'arrêt au développement de certaines d'entre elles. Aujourd'hui, la mise à disposition par salarié, sur 24 mois à compter de la première mise à disposition auprès des entreprises, est limitée à 480 heures[25]. En conséquence, les AI ont alors été confrontées à des choix stratégiques majeurs. Si certaines ont fait le choix de développer leurs activités en se dotant d'une structure d'insertion complémentaire, l'Entreprise de travail temporaire d'insertion (ETTI), d'autres ont réorienté leur stratégie commerciale.

Suite à ce premier « choc économique », un second épisode majeur est intervenu avec la loi Borloo de 2005 et l'introduction du chèque emploi service universel (CESU)[26] qui a généré **une diminution importante des heures proposées aux particuliers.** Les AI étaient pionnières dans le secteur de l'intervention de confort au domicile des particuliers. Dans le cadre du plan Borloo, des entreprises de services à la personne se sont développées massivement, entrant directement en concurrence avec les activités phares des AI. De nouvelles activités sont ajoutées aux services à la personne, bénéficiant de réductions fiscales : gardiennage de résidence principale et secondaire, assistance administrative, assistance informatique, petit bricolage, livraison de repas, de courses et de linge repassé.

L'impact de cette mesure sur les chiffres d'affaires a parfois été extrêmement visible.

---

23. DARES (2014). « L'insertion par l'activité économique en 2012 », Analyse, n° 79.

24. Loi n° 98-657 du 29 juillet 1998 d'orientation relative à la lutte contre les exclusions, op. cit., p. 11679. Décret n° 99-109 du 18 février 1999 relatif aux associations intermédiaires, JO 19 février 1999, art. 8

25. Loi n° 2008-1249 du 1er décembre 2008 généralisant le revenu de solidarité active et réformant les politiques d'insertion, JO 3 décembre 2008, art. 19 ayant modifié l'article L. 5132-9 du Code du travail.

26. Loi n° 2005-841 du 26 juillet 2005 relative au développement des services à la personne et portant diverses mesures en faveur de la cohésion sociale, JO 27 juillet 2005, p. 12152.

Certaines AI normandes ont ainsi connu une diminution de 20 % des heures travaillées en quelques mois.

Les données générales des observatoires COORACE, entre 2011 et 2015, montrent un fléchissement auprès des particuliers et des entreprises de l'ESS tandis qu'une progression auprès des établissements publics, des collectivités et des entreprises s'observe (Figure 5).

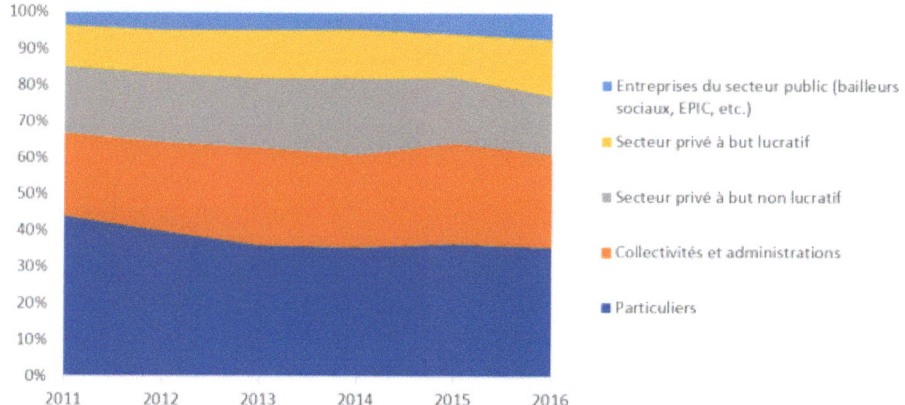

Figure 5. Évolution des heures en AI entre 2011 et 2016

Source : Observatoires COORACE de 2011 à 2016

Ces tendances cachent cependant de grandes disparités territoriales. Les AI intégrées dans un ensemblier comportant une ETTI ne développent pas ou peu d'heures auprès des entreprises. En outre, selon le territoire d'implantation de l'AI, le poids relatif des différentes catégories de clients peut être très variable. Les données de l'Observatoire COORACE 2016 en témoignent (Figure 6). Classées selon les densités de population des EPCI sur lesquels elles agissent, les AI révèlent de grandes disparités. **Ainsi, les AI implantées dans des territoires à très faible densité de population développent près de 45 % des heures travaillées auprès des particuliers. Cette proportion est d'environ 27 % dans les espaces à très fortes densités de population.**

> Une demande proportionnellement plus forte de services à la personne en milieu rural et une capacité d'intervention plus grande des pouvoirs publics en milieu urbain

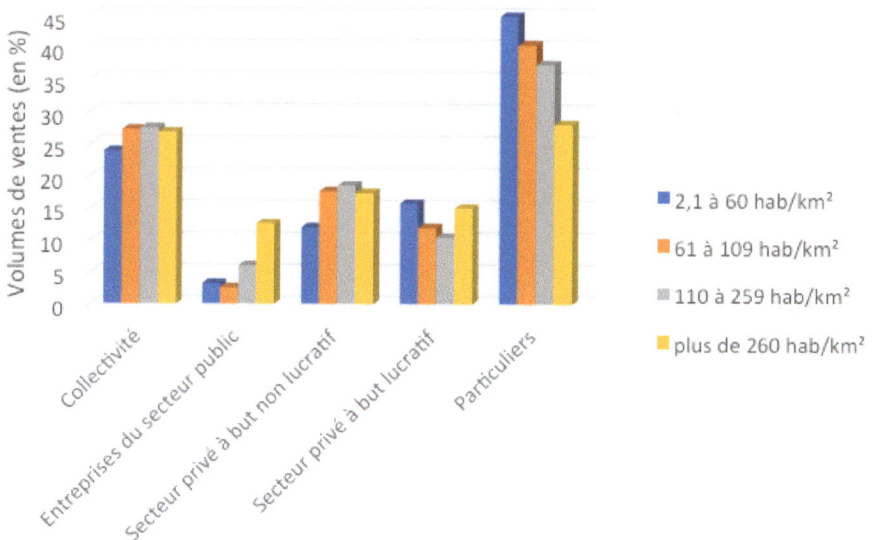

Figure 6. Répartition des ventes d'heures par typologie de client selon le territoire

Source : Observatoire COORACE 2016

Lecture : 24 % des heures vendues par les AI situées dans un espace à très faible densité de population - de 2,1 à 60 habitants/km² - relèvent de la mise à disposition auprès de collectivités.

Le constat est tout autre pour les collectivités, les entreprises du secteur public ou encore les entreprises de l'ESS : plus la densité de population est élevée, plus les heures développées sont nombreuses auprès de ces utilisateurs. Une demande proportionnellement plus forte de services à la personne en milieu rural et une capacité d'intervention plus grande des collectivités et établissements publics en milieu urbain **témoignent**, une fois de plus, **de la capacité d'adaptation de l'AI aux besoins du territoire.**

_ **Les salariés en parcours : l'AI à l'intersection des diversités**

Comme toute entreprise délivrant un service, l'AI a pour objectif d'apporter satisfaction à ses clients. Si le premier « client » de l'AI est le public accueilli, les consommateurs de la « mise à disposition » en constituent le second. La diversité des clients économiques semble répondre à la diversité des publics.

Les AI sont avant tout des établissements **qui accueillent le public le plus éloigné de l'emploi.** Les catégories d'âges en témoignent (Figure 7). Ainsi, la part des jeunes actifs de 18 à 26 ans est surreprésentée par rapport à la moyenne nationale des actifs ; celle des plus de 49 ans est quant à elle équivalente [27].

Figure 7. Âge des salariés en parcours

Source : Observatoire COORACE 2016

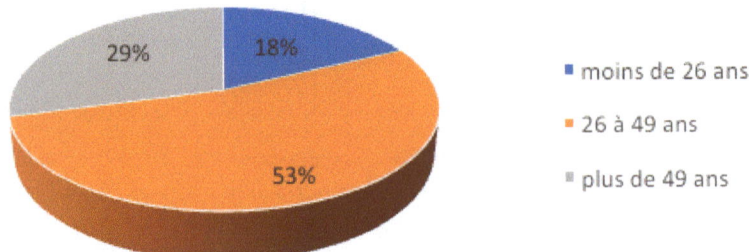

Le constat est sensiblement le même lorsqu'on observe **les diplômes des salariés en parcours en AI.** Les niveaux BEP, CAP ou inférieurs représentent 80 % des publics. Les catégories I et II, bac + 3 et plus, représentent moins de 1,2 % (Figure 8). Les publics de l'AI sont donc les plus vulnérables sur le marché du travail. Ce sont ceux-là mêmes qui ne bénéficieront que difficilement, dans un premier temps au moins, de la reprise économique constatée au cours des derniers mois de l'année 2017 et au cours du premier trimestre 2018.

La situation des publics à l'entrée rappelle un peu plus **le rôle d'ouverture à destination de tout public en situation de précarité** (Figure 9). En mesurant les nombres d'occurrence, les différentes catégories listées ne sont pas exclusives : un demandeur d'emploi peut habiter un Quartier prioritaire de la ville (QPV), par exemple.

---

27. INSEE (2018). « Travail - Emploi », Insee Références, p. 42-43. L'Insee rappelle que la population active par âge est la suivante : 15-24 ans, 2 766 000 individus (soit 9,47 % de la population active) ; 25-49 ans, 18 210 000 individus (soit 62,35 %) ; 50-64 ans, 8 231 000 individus (soit 28,18 %).

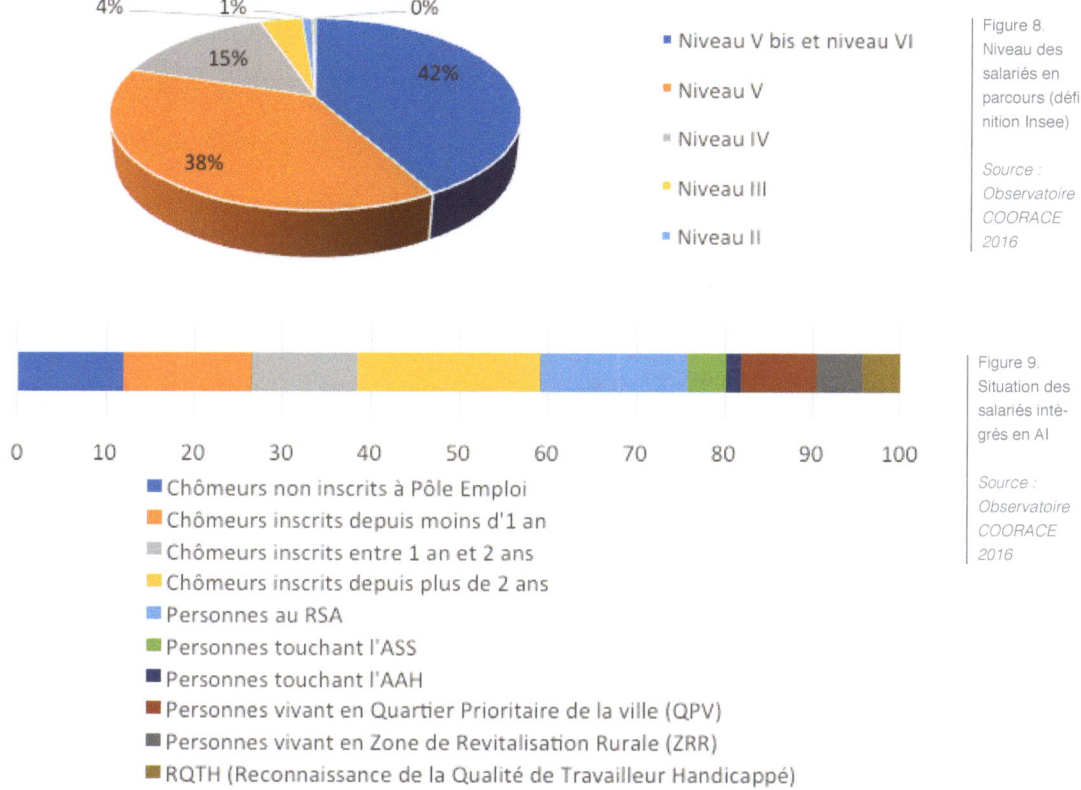

Figure 8. Niveau des salariés en parcours (définition Insee)

Source : Observatoire COORACE 2016

Figure 9. Situation des salariés intégrés en AI

Source : Observatoire COORACE 2016

Lecture : 12 % des personnes accueillies et nouvellement salariées de l'AI ne sont pas inscrites à Pôle Emploi.

Dans ce cadre, les personnes en situation de chômage de longue durée (demandeurs d'emploi de plus d'un an et bénéficiaires de l'ASS ou du RSA) en représentent un nombre important. Par ailleurs, s'il peut sembler surprenant de retrouver des demandeurs d'emploi de courte durée, l'agrégation des catégories entre elles apporte un éclairage. À titre d'exemple, l'AI Interm'Aide Emploi à Rouen, située dans un QPV, affiche dans ses statuts une ouverture privilégiée aux résidents du quartier. Enfin, à l'instar des personnes éligibles au RSA et qui n'en font pas la demande, nombreux sont les chômeurs à ne pas être inscrits à Pôle Emploi [28]. **L'importance de ce type d'occurrence au sein des AI rappelle une fois de plus la capacité inclusive des structures, la démarche globale qu'elles mettent en œuvre, selon un principe d'inconditionnalité propre aux organisations luttant contre les exclusions et les précarités.** *In fine*, les personnes recrutées, même si elles ne sont majoritairement pas concernées par l'agrément Pôle Emploi [29], correspondent bien à la définition du public IAE [30] (voir chapitre IV).

> Nombreux sont les chômeurs à ne pas être inscrits à Pôle Emploi

---

28. RAYNAUD I. (2017). « Démarches complexes, non-recours… Vers une simplification des minima sociaux ? » La Gazette, 1er février 2017.

29. L'agrément Pôle Emploi est demandé par les SIAE à leurs correspondants Pôle Emploi. Il vise à déterminer une durée de parcours de 24 mois à compter de la date d'embauche dans une SIAE. Les AI ne sont concernées par l'agrément que pour les personnes mises à disposition en secteur marchand pour des durées supérieures à 16 heures. Accord-cadre entre l'État et Pôle Emploi et les réseaux de l'IAE (2015). Annexe 2, L'agrément IAE délivré par Pôle Emploi.

30. Code du travail, art. L. 322-4-16 - I.

L'activité des AI s'appuie bien souvent sur un nombre de femmes salariées proportionnellement très important. Ainsi, en 2016, la part des hommes dans les effectifs est inférieure à celle des femmes (Tableau 3). Pourtant les missions confiées aux femmes tendent à évoluer et une part de plus en plus importante des femmes accède à l'entreprise entre 2015 et 2016[31]. Cette évolution est également un témoignage des tendances observées auprès des clients économiques des AI.

Tableau 3. Répartition des salariés en parcours par sexe

	FEMMES		HOMMES	
Années	2015	2016	2015	2016
Pourcentages	60	62	40	38

---

31. COORACE (2017). « L'égalité femmes-hommes au sein du réseau COORACE », Observatoire COORACE 2016.

_ CONCLUSION

DES AI ADAPTÉES AUX PUBLICS ET AUX TERRITOIRES

Les 300 Associations intermédiaires adhérentes COORACE interviennent dans des territoires très différents. Dans de nombreux cas, elles ont su développer des ensembliers d'insertion, voire des Groupes économiques solidaires en capitalisant et développant des logiques de partenariats et de coopérations localement.

Ces AI, intégrées ou non à une structuration complexe, étonnent par leurs modèles économiques et leurs stratégies. Si elles ont parfois été mises à mal à l'occasion d'évolutions légales au tournant des années 2000, elles ont su s'adapter aux besoins économiques et sociaux variés et variables.

Multisectorielle comme aucune autre entreprise, l'AI porte en elle une capacité d'assimilation des besoins des territoires. Affirmer qu'il existe autant de modèles économiques d'AI qu'il y a de territoires serait presque provocant. Pourtant, force est de constater qu'elles s'adressent à une typologie diversifiée de clients étroitement liée aux bassins économiques dans lesquels elles s'insèrent.

Par leurs projets associatifs, les AI relèvent le défi de la mise en cohérence des besoins de chacun. En associant les personnes éloignées de l'emploi, en situation de vulnérabilité sociale ou de désaffiliation, elles formulent des réponses cohérentes aux besoins des territoires.

Ainsi, à travers une diversité de lieux d'intervention, de supports de travail, de publics, **l'AI joue un rôle de service de proximité** dans un environnement légal et administratif complexe.

> **CONDITIONS DE RÉUSSITE**
>
> *Encourager et accompagner la possibilité des Associations intermédiaires à s'adapter à leur territoire, tant sur le plan économique que social.*

L'ACCUEIL, UNE FONCTION AU SERVICE DE L'INCLUSION

_ RÉSUMÉ

Les quelque 300 AI rassemblées au sein de la fédération COORACE constituent des points d'accès. L'accueil est une étape importante, tant pour l'AI que pour les personnes. Loin d'être décloisonnée du « parcours d'insertion », elle constitue une première séquence déterminante pour atteindre la finalité d'inclusion et d'insertion.

La fonction accueil est cependant complexe. Elle débute lors d'un premier contact, correspondant à une phase de « préaccueil », et s'achève par l'inscription de la personne dans la structure. À la fois essentielle pour réaliser le recrutement et relayer une information ou proposer une réorientation, elle s'adresse à un public d'une très grande diversité, parfois en rupture de droits ou non inscrit auprès de Pôle Emploi. Garantissant ainsi une inconditionnalité de l'accueil en cohérence avec son projet social territorial, l'AI remplit une mission de « quasi-service public ».

L'accueil, tel qu'il se définit au sein des AI, rappelle un peu plus leur ouverture sur le territoire. Elles se positionnent au cœur d'un système d'acteurs dont les compétences mobilisables permettent de couvrir l'ensemble des problématiques socioprofessionnelles rencontrées par les personnes. Elles ont développé un projet associatif et se sont appuyées sur des besoins territoriaux identifiés ou partagés par les pouvoirs publics pour mettre en œuvre un véritable accompagnement, dense, en phase d'accueil. En amont du recrutement - et sans qu'il soit nécessaire pour en bénéficier -, toutes les AI, à leur mesure, font la preuve que l'accueil est le point de départ de l'accompagnement, et donc du parcours d'insertion. Cet engagement pour les territoires et pour les personnes, les AI le tiennent le plus souvent sur leurs ressources propres.

> « Accompagner une personne, c'est d'abord l'accueillir et l'écouter, connaître son parcours, ses difficultés, ses doutes, mais aussi ses compétences et ses aspirations. Le souci de l'autre, ici encore, consiste à comprendre sa situation sans la juger, l'accepter tel qu'il est, ne pas se fier aux apparences, sans non plus être dupe des histoires que certains racontent et qui s'inscrivent au programme pour bénéficier d'une aide immédiate sans volonté réelle d'insertion. Ce qui signifie que les intervenants attendent des usagers qu'ils s'inscrivent dans une démarche authentique et volontaire.[32] »

QU'IL SOIT PRESCRIT PAR UN PARTENAIRE ou qu'il s'en rapproche spontanément, le candidat méconnaît le fonctionnement, les objectifs et la finalité de l'AI. La mise en place d'une phase d'accueil individuelle, collective ou mixte, pendant laquelle le candidat y est confronté, est déterminante. C'est l'occasion de découvrir la vocation spécifique de l'AI, en tant qu'employeur d'insertion, de prendre connaissance de l'articulation entre contrat de travail et accompagnement socioprofessionnel, d'observer les droits et devoirs associés au statut de salarié, mais aussi de s'informer sur les conditions d'emploi proposées.

DU PREMIER ACCUEIL À L'INSCRIPTION

Le fonctionnement d'une AI suppose que chaque personne qui se présente à l'accueil soit systématiquement reçue afin de vérifier l'éligibilité à un parcours d'insertion ainsi que la capacité de la structure à répondre aux besoins de la personne. La relation interindividuelle qui se noue pendant cette phase d'accueil est le point de départ d'une relation réciproque *a priori*, basée sur les besoins et les moyens des deux parties : l'AI et la personne.

_ **Définition de l'accueil**
Pour mener à bien ces différents objectifs, la phase d'accueil et de recrutement en AI est donc déterminante. L'accueil suppose au minimum un entretien visant à réaliser un diagnostic de la situation de la personne avant de l'embaucher ou de la réorienter vers un acteur mieux à même d'apporter une réponse adaptée.

Si chaque AI définit sa méthode, un séquençage de la démarche peut néanmoins être explicité.

- Une première phase, qui peut être qualifiée de **« préaccueil »**, consiste à mettre en œuvre un accueil physique ou téléphonique en guise de premier contact. L'objectif de cette étape est notamment de vérifier l'éligibilité de la personne à l'IAE. Aucune donnée chiffrée n'est disponible pour rendre compte de cette étape de sollicitation. C'est au cours de cette séquence qu'un dossier de préinscription peut être rédigé avec la personne et qu'un premier niveau d'informations réciproquement partagé apparaît ;
- ensuite, la phase dite **« d'accueil »**, qui est une étape de préinscription, vise à présenter l'offre de services et à rappeler les engagements réciproques jugés indispensables par la structure (voir chapitre III) ;
- enfin, la phase **d'inscription** constitue le point final de cette première interaction entre l'AI et la personne. L'inscription est opérée dans le fichier de la structure, entérinant ainsi l'engagement de l'AI à salarier et accompagner la personne dans le délai le plus bref possible.

---

32. GAGNON E., MOULIN P. et EYSERMANN B. (2011). « Ce qu'accompagner veut dire », Reflets, 17-1, p. 102.

_ Une approche quantitative de la fonction accueil est-elle possible ?

Cette définition a le mérite de clarifier un processus complexe, allant de la première rencontre à l'engagement dans un parcours articulant accompagnement et mise à l'emploi. Cependant, les orientations prises par les structures pour lui donner du sens peuvent varier.

Ainsi, au terme de l'enquête réalisée en mars 2018, dont l'objet était de collecter des informations mises à jour sur la « fonction accueil » (bloc 1 de l'AI portée par COORACE), plusieurs éléments structurants apparaissent. Les sondés signifient régulièrement l'importance accordée à cette phase. L'ambition est toujours la même : apporter une réponse, par une orientation interne ou externe, à l'individu sollicitant l'AI. Il n'existe pas une finalité à la phase d'accueil, mais des finalités ponctuées d'objectifs définis en cohérence avec la stratégie de la structure. Enfin, au-delà des diverses configurations de la fonction accueil, les informations quantitatives qui lui sont attachées sont complexes à traiter. Pourtant, seules deux des structures ayant répondu à l'enquête indiquent ne pas pouvoir fournir les données liées à cette fonction. L'une d'entre elles précise d'ailleurs qu'une procédure de traçabilité est en cours de déploiement.

> Il n'existe pas une finalité à la phase d'accueil, mais des finalités ponctuées d'objectifs définis en cohérence avec la stratégie de la structure

L'enquête révèle donc une maîtrise relativement forte de la fonction, avec des données mesurables disponibles au sein des structures. **Le processus d'accueil, intégrant relais d'information et orientation, est tellement intégré au fonctionnement de l'AI qu'il en devient une évidence.**

_ L'accueil : entre structure et territoire

Une grande diversité de gestion de l'accueil apparaît. **La plupart des AI peuvent être mobilisées directement, sans orientation ou prescription[33], par les personnes.** Ces dernières bénéficient alors de la démarche de préaccueil, de manière continue dans le temps, suivant le modèle défini plus haut. Cette approche n'est pas sans lien avec la périodicité du recrutement des salariés en AI mise en lumière par la Dares : 77 % des responsables d'AI recrutent des salariés en fonction des candidatures reçues ou selon les besoins[34].

D'autres AI, font également le choix de n'accueillir que sur prescription et orientation des Services publics de l'emploi ou des partenaires de l'ESS (Ulisse Services, Adel, par exemple). Ce positionnement peut avoir plusieurs raisons : c'est la configuration des partenariats territoriaux et/ou l'absence de financement dédié à cette fonction qui le détermine.

Certaines AI intégrées en GES ou en ensemblier envisagent l'accueil sous la forme d'un recrutement à l'échelle du groupement. Par exemple, la personne peut être orientée vers l'outil qui semble le mieux lui convenir, intégrer l'AI directement avant d'être orientée vers une EI ou une ETTI du Groupe (Association ménage service à Amiens, qui développe ses activités sous la marque Ozange.net, par exemple). Ainsi, la fonction accueil ne dépend-elle plus de la seule AI.

> Certaines AI intégrées en GES ou en ensemblier envisagent l'accueil sous la forme d'un recrutement à l'échelle du groupement

---

33. La prescription renvoie à l'agrément IAE que délivrent Pôle Emploi et les prescripteurs habilités comme les CAP Emploi et les missions locales.

34. DARES (2015). L'Insertion par l'activité économique : modes de recrutement et capacités d'action des structures, Analyse, n° 85.

ENTRE ACCUEIL ET RECRUTEMENT

_ La finalité de l'accueil : recruter ?

Les AI ont pour ambition de construire un parcours d'insertion socioprofessionnel avec leurs salariés. En conséquence, les salariés de l'AI n'ont pas vocation à rester en son sein. L'AI doit donc favoriser une intégration de nouveaux candidats au terme du parcours des salariés en insertion. L'observation des taux de renouvellement des salariés est, de ce point de vue, éclairante (figure 10).

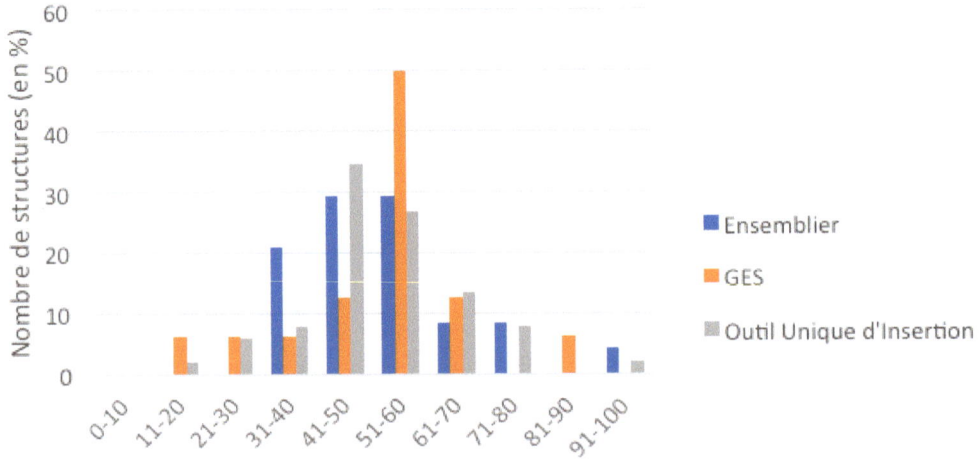

Figure 10. Part des structures par taux de renouvellement annuel des salariés en 2016

Source : Observatoire COORACE 2016

Lecture : 50 % des AI intégrées à un GES déclarent que l'effectif total des salariés en parcours en 2016 est composé de 51 à 60 % de nouveaux salariés accueillis en 2016.

Pour quatre AI sur cinq, les personnes accueillies en 2016 et ayant bénéficié de missions de travail représentent plus de 42 % de l'effectif salarié total. Autre constat, la moitié des AI autonomes, ainsi que la moitié des ensembliers, réussissent à salarier au moins une personne accueillie sur deux. Ce taux est de 69 % pour les GES. L'unité organisationnelle du Groupe économique solidaire renforce le positionnement de l'AI dans sa mission d'insertion. L'AI devient ainsi un élément d'un parcours susceptible de mobiliser d'autres outils, en complémentarité ou en suite de parcours.

Ces éléments démontrent la capacité d'intégration des personnes accueillies, la structuration en Groupe renforce la performance de l'AI en la matière.

_ Une phase d'accueil ouverte

Le croisement entre le nombre de personnes accueillies et le nombre de personnes accueillies ayant bénéficié d'une mission en 2017 offre un panorama contrasté. Une AI sur deux réussit à salarier deux personnes accueillies sur trois (Figure 11). Ce résultat est pourtant minoré : les personnes accueillies en 2016 (notamment en fin d'année) et ayant bénéficié d'une mission de travail en 2017 ne sont pas considérées dans ces données. La capacité à salarier massivement des personnes accueillies chaque année est affirmée. En outre, la dynamique est étroitement tributaire du projet associatif de l'AI et de son développement économique, susceptibles de générer plus ou moins de besoin de recrutement à court ou moyen termes.

> Une AI sur deux réussit à salarier deux personnes accueillies sur trois.

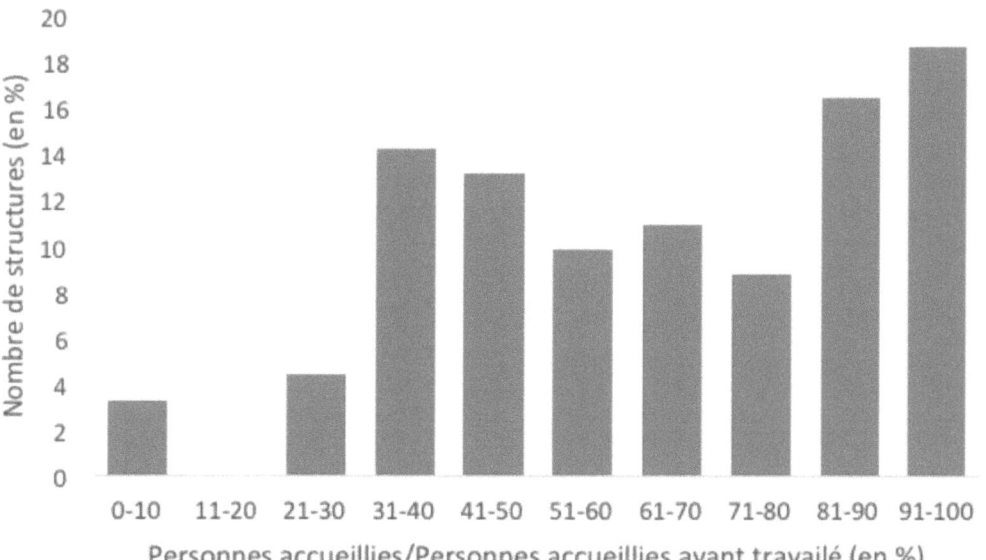

Figure 11. Distribution des structures par nombre de salariés accueillis et intégrés en emploi en 2017/total des salariés

Source : Enquête sur la fonction accueil, COORACE, mars 2018

Lecture : 18,7 % des AI consultées salarient plus de 91 % des personnes accueillies

L'intégration des personnes accueillies en emploi, apparaît très efficace. Deux hypothèses permettent de l'expliquer.

- La première relève de la définition de la phase de « préaccueil ». Lors du premier contact, les ressorts permettant d'établir l'éligibilité du public au projet porté par l'AI sont suffisamment efficaces pour garantir une intégration optimale des publics. Ainsi, la phase de préaccueil constitue aussi une phase de prérecrutement ;
- la seconde hypothèse tient à la qualité des relations entre l'AI et ses partenaires prescripteurs sur le territoire. Soit le projet et les métiers portés par l'AI sont suffisamment connus des partenaires pour favoriser une orientation efficace, soit l'AI s'appuie sur l'expertise des partenaires prescripteurs pour pourvoir à ses besoins de recrutement.

Ces deux hypothèses ne s'excluant pas l'une l'autre, il apparaît que la phase d'accueil s'appuie aussi bien sur l'expertise de l'AI que sur son engagement territorial auprès des partenaires.

Pourtant, la distribution des structures selon leur capacité de recrutement des personnes accueillies trahit une certaine diversité. Le nombre de structures faisant bénéficier de missions de travail à environ 30 % des personnes accueillies en 2017 est proche de celui des structures pour lesquelles ce taux est de 40 % ou de 80 %. À l'extrême, quelques structures affichent un taux de mise en emploi des personnes accueillies très faible. Si leur nombre est limité, ce résultat est généralement l'expression d'un projet politique spécifique de l'AI, ou de la position de l'AI là où elle est la seule structure d'insertion présente.

À titre d'exemple, Travail et Partage (30 à 40 salariés en parcours annuellement) a fait le choix de permettre un accueil très ouvert, avec un travail d'aide et d'accompagnement des personnes. Ce sont 162 personnes qui ont été accueillies en 2017 et qui, suite à une information collective mensuelle, ont déposé un dossier d'inscription. Lors des entretiens individuels qui s'en sont suivis, des conseils ont été adressés aux personnes, des réorientations ou une intégration en emploi ont pu être proposées. Lorsque les candidats sont adressés par des prescripteurs, un retour sur le diagnostic établi avec la personne est systématiquement réalisé. Ce travail de diagnostic génère soit un recrutement, soit une orientation externe. Il ne fait l'objet d'aucun appui financier ; pourtant, il permet aussi d'apporter une réponse à des personnes n'ayant pas d'autre interlocuteur. Dans l'exemple considéré, 146 entretiens individuels ou informations relayées, n'ayant pas débouché sur un recrutement, ont eu lieu en un an.

Sans qu'il soit possible de mesurer précisément cet investissement en termes de temps dédié, il apparaît que les AI consacrent majoritairement deux à quatre heures par personne accueillie, et parfois plus.

L'ACCUEIL COMME OUTIL DE RÉORIENTATION

Travail et Partage n'est pas la seule structure à s'engager sur un accueil ouvert. Cette mission, assignée par le projet associatif, constitue un investissement. **Il s'agit d'accomplir une mission de service aux publics à travers l'établissement d'un diagnostic partagé avec les prescripteurs ou un bilan permettant d'identifier et d'évaluer les besoins de la personne.**

> La phase d'accueil s'appuie aussi bien sur l'expertise de l'AI que sur son engagement territorial auprès des partenaires.

_ L'AI au cœur d'un système d'acteurs territoriaux pour l'emploi
Lorsque l'AI ne peut répondre favorablement à un candidat, elle peut orienter vers un partenaire susceptible d'apporter une réponse aux besoins identifiés. Dans ce cas, la personne est redirigée vers une autre SIAE, un prescripteur ou une organisation jugée la plus apte à répondre aux besoins de la personne. C'est à travers cette action qu'il est possible de mesurer la position de l'AI au sein d'un système territorial d'acteurs pour l'emploi.

Sans tenir compte des réorientations qui peuvent s'effectuer lors de la phase de « préaccueil », le taux de réorientation des publics accueillis ne présente que peu de surprises (Figure 12). Une large majorité de structures réoriente systématiquement ou quasi systématiquement les publics accueillis ne pouvant bénéficier d'une mission de travail. Elles sont près de 35 % à agir ainsi. Cependant, d'autres indiquent ne réorienter que partiellement le public accueilli : plus de 20 % des structures répondantes ne réorientent que 11 à 20 % des personnes accueillies.

L'interprétation de la dichotomie observée dans le graphique n'est pas aisée. Elle s'explique par la relativité de la notion de « réorientation ». Ainsi, en cas de non-recrutement, la démarche Cèdre[35] prévoit qu'« en cas de réorientation, la personne doit être mise en contact avec un interlocuteur ou un organisme compétent, et la SIAE doit s'assurer que le relais est pris ». Or cette exigence est difficilement atteignable. ***In fine*, il est impossible d'avoir une traçabilité complète du niveau de réorientation.** En outre, certaines structures considèrent que les orientations et conseils donnés n'entrent pas dans la définition de la réorientation. Sans qu'il soit aisé de tirer des conclusions assurées en l'état, les chiffres avancés permettent de conclure que la réorientation est une notion relative à chaque structure. Certaines AI considèrent que l'information et le relais passé à un partenaire extérieur constituent une réorientation ; d'autres estiment que seule une réorientation formellement validée par un tiers peut être qualifiée comme telle.

---

35. Référentiel Cèdre v2. 2008. Le référentiel Cèdre a évolué en 2015 pour intégrer les exigences de l'ISO 9001.

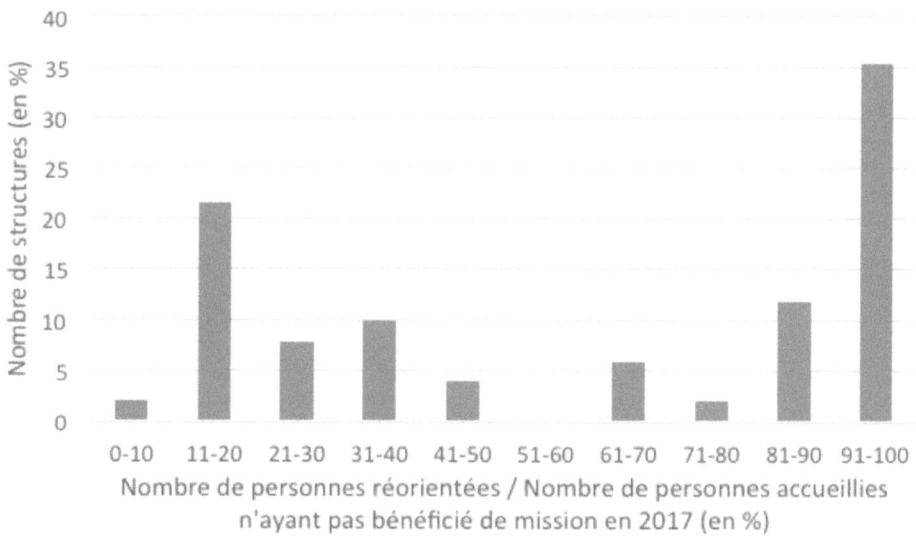

Figure 12. Distribution des AI en fonction du taux de réorientation des publics accueillis et n'ayant pas obtenu de mission de travail en AI par typologie d'organisation

Source : Enquête sur la fonction accueil, COORACE, mars 2018

Lecture : 35 % des AI sondées indiquent qu'elles proposent une réorientation à plus de 91 % des personnes accueillies non recrutées.

_ Pourquoi réorienter ?

Les raisons de ces réorientations sont multiples (Figure 13). Certaines peuvent être prises en compte au sein même de l'ensemblier ou du GES, ou auprès d'un partenaire IAE du même territoire. Dans le cadre de ce rapport, cette approche n'a pas été évaluée : elle est en effet constitutive de l'action IAE des AI et les concerne toutes, a priori.

Deux motifs d'orientation sont massivement évoqués dans le cadre de l'enquête (55 % des répondants).

- **Le premier tient à l'absence de missions de travail susceptibles de correspondre au projet de la personne.** Ainsi, le nombre des emplois et les métiers disponibles au sein de l'AI en sont une raison (voir chapitre I) ;
- **le deuxième relève de l'inadéquation entre le profil du candidat et les critères d'éligibilité à l'IAE fixés par la structure.** Cette appréciation est cohérente avec les profils des publics en AI observés au chapitre I ;
- **les autres raisons de réorientation relèvent généralement de questions de statuts.** Ainsi, plus du tiers des structures répondantes indiquent que l'un des motifs présidant au choix de réorientation relève du statut du candidat : étudiant, retraité, ressortissant étranger sans autorisation de travailler sur le sol français ou encore personne déjà salariée par ailleurs. Dans ce dernier cas, la personne assure des missions auprès d'autres employeurs ou en multiemploi sans être en situation de grande précarité ;
- les freins sanitaires et sociaux ne sont que peu repris par les répondants à l'enquête. À l'exception **des problématiques santé,** mentionnées très régulièrement (38 %), ou **de la maîtrise de la langue** (43 %), les problématiques logement, famille, ou mobilité ne sont respectivement mentionnées que par 20 % des répondants ;
- enfin, plus de 30 % des répondants indiquent que l'un des motifs de réorientation tient au **refus de l'accompagnement** lors de la phase d'accueil.

Figure 13. Raisons de la réorientation

Source : Enquête sur la fonction accueil, COORACE, mars 2018

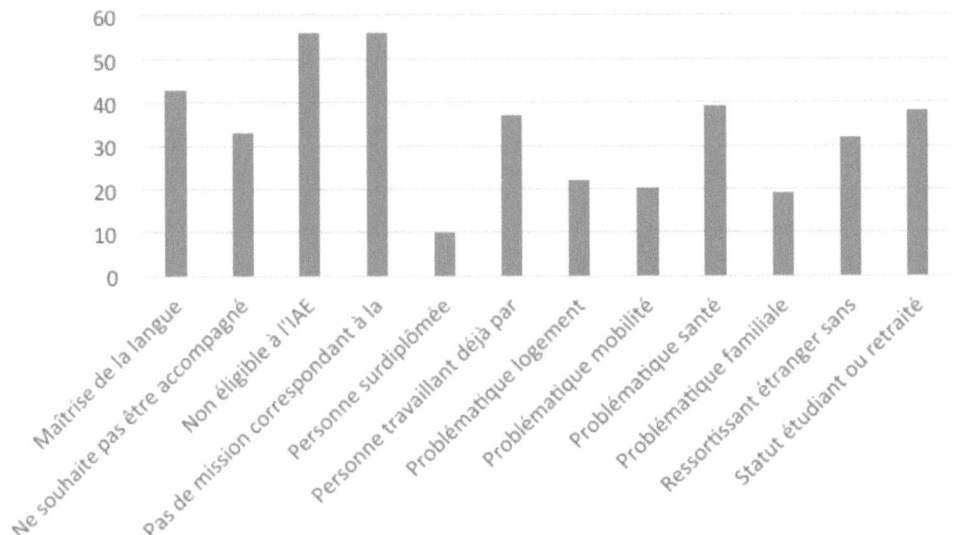

Lecture : 56 % des AI sondées indiquent que la « non-éligibilité à l'IAE » est une raison fréquente de réorientation.

L'ensemble de ces motifs rappelle une fois de plus l'insertion de l'AI dans un système d'acteurs. Ainsi la structure peut-elle orienter vers les acteurs locaux se rapportant aux problématiques identifiées. Remplissant une mission d'accueil universel, en complémentarité et subsidiarité des autres partenaires, l'AI suit sa vocation : celle d'un engagement à destination des habitants du territoire. Ces éléments relatifs aux raisons de la réorientation, couplés aux profils des personnes intégrées (voir chapitre I), soulignent que l'absence d'obligation d'agrément Pôle Emploi ne conduit pas les AI à accueillir ou à recruter des publics qui ne seraient pas éloignés de l'emploi ou n'éprouveraient pas des problématiques d'ordre social. **Ce sont les projets associatifs développés, dont la prise en compte de chaque individu dans sa globalité et sa complexité est une gageure constitutive, qui permettent une réponse adaptée et conforme aux exigences conventionnelles.**

Au final, les textes relatifs à l'IAE, et notamment ceux attachés à l'octroi de l'agrément Pôle Emploi, procédure permettant d'attester qu'une personne relève bien de l'IAE, insistent sur l'enjeu d'individualisation des approches, au-delà des catégories administratives. Pourtant, plutôt que de penser la personne par rapport à sa situation, les pratiques constatées et les contraintes des différents acteurs imposent bien souvent une prise en compte par catégorie administrative. Si cette approche contribue à déresponsabiliser les structures sur leur capacité à recruter de manière pertinente au regard de leur objet, il n'en demeure pas moins que les acteurs de l'emploi et de la lutte contre la pauvreté rappellent inlassablement la nécessité d'une plus grande prise en compte de l'humain, dans toute sa complexité.

Dans ce cadre, l'AI fait donc exception : elle est la seule SIAE à n'être astreinte à l'agrément Pôle Emploi que pour certains types d'activités[36]. Si cela favorise une certaine souplesse dans l'accueil et le recrutement des publics, cela a surtout le mérite de **garantir une position d'inclusion et d'insertion ouverte, globale et surtout inconditionnelle.**

---

36. Accord-cadre entre l'État et Pôle Emploi et les réseaux de l'IAE (2015). Annexe 2, L'agrément IAE délivré par Pôle Emploi.

L'ACCUEIL : LE POINT DE DÉPART DE L'ACCOMPAGNEMENT

L'accueil constitue le point de départ qui permet, à terme, le déploiement du parcours.

_ Un accompagnement en phase d'accueil ?

C'est aussi une phase au cours de laquelle certaines structures offrent un accompagnement sans nécessairement proposer de mission aux personnes *in fine*. Cet accompagnement intervient alors dans la phase d'accueil pour 60 % des AI. Dans cette perspective, il s'agit d'une phase d'entrée en parcours progressive où, de façon différenciée, les entretiens individuels, l'articulation avec les partenaires extérieurs et la résolution des freins périphériques (comme la mobilité ou le logement) sont travaillés afin de créer les conditions de mise à l'emploi. Dans certains cas, des missions de travail dites « test » permettent également de construire les objectifs avec la personne, de vérifier ses potentialités.

> Dans certains cas, des missions dites « test » permettent également de construire les objectifs avec la personne, de vérifier ses potentialités

Sur cet aspect, des financements complémentaires et à vocation d'accompagnement sont parfois obtenus par les AI (voir l'introduction). Cela est malheureusement marginal : seules 12 structures sur 94 le mentionnent. **Majoritairement, ce sont des conseils départementaux qui offrent les moyens de cette action.** Les dispositifs promus par d'autres collectivités territoriales ainsi que la mise en place d'actions financées par Pôle Emploi y contribuent également. Enfin, le FSE est également un ressort disponible pour le permettre.

_ De quel accompagnement parle-t-on ?

Ce sont généralement des actions qui s'agrègent aux activités du conventionnement IAE. Ces actions entraînent donc l'affectation de moyens dédiés au-delà de ceux nécessaires à la réalisation des objectifs fixés avec l'État au titre de l'AI. Certaines d'entre elles relèvent d'orientations politiques portées par les conseils départementaux, à l'instar du conseil départemental du Pas-de-Calais, de Haute-Saône ou de Seine-Maritime. Dans ce dernier département, la mise en place de l'Accompagnement social et professionnel renforcé en Association intermédiaire (ASPRAI) a pour objectif l'intégration d'un public très éloigné de l'emploi et peu autonome. À ce titre, un accompagnement préalable à la mise à disposition est proposé aux personnes prescrites par les services du département. La finalité posée par la collectivité est de permettre l'entrée en parcours dans l'activité conventionnée AI une fois l'autonomie de la personne jugée suffisante.

> Sans accueil, pas de recrutement ; sans recrutement, pas d'entrée en parcours ; sans entrée en parcours, pas d'accompagnement ni de mise à disposition. Telle peut être résumée la chaîne des conséquences de l'insertion en AI

Sans accueil, pas de recrutement ; sans recrutement, pas d'entrée en parcours ; sans entrée en parcours, pas d'accompagnement ni de mise à disposition. Telle peut être résumée la chaîne des conséquences de l'insertion en AI. L'interaction obligatoire et systématique de ces différentes séquences amène 14 structures répondantes à intégrer l'aide au poste conventionné avec l'État dans le financement de la phase d'accueil et d'orientation.

> « *L'une des spécificités des associations intermédiaires parmi les structures d'insertion par l'activité économique résulte de leur fonction d'accueil des publics. Dans ses fonctions d'accueil et d'orientation, l'association intermédiaire intervient préalablement au parcours en structure d'insertion par l'activité économique[37].* »

Cette spécificité d'accueil, d'orientation et de démarrage de parcours a été rappelée à plusieurs reprises, notamment dans le rapport IGAS de 2013 présidant à la mise en place de l'aide au poste.

---

37. Instruction DGEFP n° 2005-37 du 11 octobre 2005 relative aux associations intermédiaires et aux modalités de gestion de l'aide à l'accompagnement, NOR : SOCF0510372J, non paru au Journal officiel, disponible à cette adresse : http://travail-emploi.gouv.fr/publications/picts/bo/30112005/A0110007.htm

> « Les AI remplissent un rôle d'accueil de personnes en difficulté et d'orientation vers d'autres structures. Dans certains territoires, l'AI serait ainsi le seul relais pour les demandeurs d'emploi compte tenu de l'absence, dans une zone géographique proche, de services publics. Par ailleurs, les interlocuteurs des Direccte et des UT rencontrés par la mission ont insisté sur le rôle des AI comme pourvoyeur d'emploi dans des zones très largement dépourvues d'autres opportunités et de maintien d'un tissu de relations sociales. Les réflexions sur le financement des AI doivent tenir compte de ces réalités sociologiques[38]. »

Ainsi reconnues dans cette mission de « quasi-service public d'accueil élargi et d'orientation des personnes », **les AI sont pourtant seules à l'assumer financièrement.** L'aide au poste, en ne s'attachant qu'aux heures effectivement travaillées, n'intègre pas cette phase d'accueil et de recrutement pourtant essentielle à tous niveaux.

Selon une étude de la Dares publiée en novembre 2017, les AI ont réalisé 67 400 entrées en parcours en 2016, soit 43 % de l'ensemble du secteur de l'IAE[39]. Dans cette même étude, il est noté que 57,4 % des sorties de l'AI sont le fait de parcours de moins de 12 mois. De ce point de vue, **il conviendrait de reconnaître plus clairement la plus-value de l'AI en la matière et donc de s'attacher à l'appuyer financièrement dans le déploiement de cette mission irremplaçable.**

> Les AI ont réalisé 67 400 entrées en parcours en 2016, soit 43 % de l'ensemble du secteur de l'IAE

_ CONCLUSION

L'ACCUEIL, UN QUASI-SERVICE PUBLIC ASSURÉ PAR DES ACTEURS PRIVÉS

La fonction accueil de l'AI est essentielle à plusieurs égards.

- Elle garantit le recrutement de nouveaux salariés et, par voie de conséquence, la capacité à générer de nouveaux parcours chaque année ;
- elle constitue un service ouvert à tous les publics, permettant ainsi une écoute, un relais d'information et d'orientation.

L'organisation des services au sein des AI en convainc. L'exemple du « schéma de fonctionnement » de l'AI du GES Intermed est, à ce titre, éclairant et représentatif (Figure 14). L'accueil, destiné aux candidats sollicitant l'AI spontanément ou aux candidats prescrits par les partenaires est le premier pas vers le parcours d'insertion.

Si tout essai de quantification du nombre de personnes accueillies est difficile, le sondage réalisé par COORACE en mars 2018 permet de mesurer un rapport de grandeur.

Les 94 structures répondantes indiquent l'accueil de 16 407 personnes qui, pour 65 % d'entre elles, ont pu bénéficier d'une entrée en parcours. En guise de rapport de grandeur, ce volume redressé suppose qu'environ 50 000 personnes ont été accueillies en 2016 pour plus de 32 000 nouveaux parcours à l'échelle de la fédération COORACE. **Ces chiffres seraient sans doute plus conséquents s'ils étaient appliqués à la phase de « préaccueil ».**

Si la mission d'accueil n'est que rarement financée - et quand elle l'est, elle ne porte bien souvent que sur une catégorie de personnes choisies selon son appartenance à un statut (BRSA, QPV, etc.), elle n'en demeure pas moins essentielle pour les personnes et pour les territoires.

---

38. PELOSSE H. et al. (2013). Le Financement de l'Insertion par l'activité économique, IGAS, p. 305.

39. DARES (2017). L'insertion par l'activité économique en 2016 : stabilité de l'emploi malgré une reprise des embauches dans les EI et les ETTI, Analyse, n° 74.

NOTRE SCHEMA DE FONCTIONNEMENT

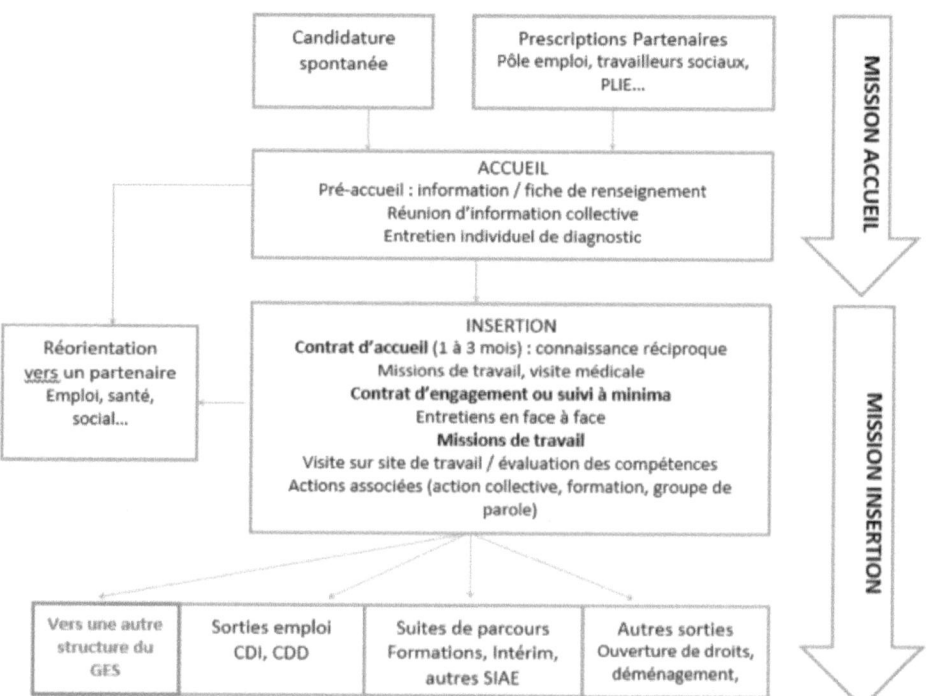

Figure 14. Schéma de fonctionnement de l'AI Intermed (Besançon)

Que conclure d'une situation où les ressources propres de l'AI sont mises à contribution pour assumer ce service ? L'engagement social et territorial est en tout point honorable et n'est jamais que la partie visible d'un projet associatif partagé par les AI. Pour autant, l'octroi de financements dédiés supplémentaires à cette fonction permettrait de retravailler efficacement les stratégies de développement des AI…

CONDITIONS DE RÉUSSITE

Reconnaître l'expertise de l'AI dans l'accueil et la réorientation par un soutien financier pour le maintien et le développement de cette fonction.

Evaluer et mesurer la fonction accueil et ses résultats.

Renforcer les partenariats institutionnels (maisons des services aux publics, missions locales, etc.)

Conserver la spécificité des AI pour qu'elles amorcent des débuts de parcours sans procédure d'agrément.

L'AI, BOITE À OUTILS AU SERVICE DES PARCOURS

_ RÉSUMÉ

Les Associations intermédiaires se caractérisent par leur capacité d'adaptation. Adaptation aux configurations locales ; elles déploient leurs actions dans des territoires aux ressources partenariales contrastées. Adaptation aux besoins des personnes en situation de précarité ; elles ajustent la nature et l'intensité de l'accompagnement comme des mises en situation de travail à la réalité de chaque individu. Adaptation aux besoins en emploi des territoires ; elles investissent des métiers et activités variés. Adaptation enfin à une réalité économique contrainte ; elles réalisent leur mission solidaire dans un cadre largement financé de manière autonome.

Mobilisation de contrats de travail variés, articulation entre accompagnement, emploi et formation, sécurisation des fins de parcours professionnels, réponses aux besoins de qualification d'une filière, ou réponse à des besoins temporaires : les Associations intermédiaires mobilisent un très large éventail d'outils au service des parcours et des territoires dans une pédagogie de l'alternance.

C'est de cette capacité d'ajustement permanent que les Associations intermédiaires tirent leur force et leur pertinence. Reconnaître et appuyer nationalement les Associations intermédiaires dans cette spécificité paraît dès lors plus que légitime.

> « L'intelligence, c'est la faculté d'adaptation. »
> André Gide

EN ACCUEILLANT ET EN SALARIANT UN PUBLIC TRÈS DIVERSIFIÉ tout en étant soumises à l'impératif de performance qu'induit leur modèle économique, **les AI sont écartelées entre deux exigences** contradictoires. Plus que pour toute autre SIAE, l'équilibre entre obligation de résultat et obligation de moyens, que ce soit auprès des publics ou des clients économiques, se fait essentiellement grâce aux ressources propres (voir chapitre I).

La mise en œuvre d'un accompagnement socioprofessionnel intégrant cette contradiction constitue l'essence du régime spécial des Associations intermédiaires. Ce phénomène s'est accentué avec les réformes successives (voir chapitre I). **Quand le projet de la personne en insertion est clairement défini, il est possible de lui proposer l'accompagnement et les missions de travail dédiés.** Ces missions s'intègrent dans un cadre relationnel tripartite (employeur, salarié, client) avec :

- un contrat de travail entre l'AI (employeur) et le salarié ;
- un contrat de mise à disposition entre l'AI (le vendeur) et le client économique qui, pour sa part, est responsable des conditions d'exécution de la mission.

Ainsi, penser le parcours en AI, c'est penser une relation complexe où chaque partie prenante a ses intérêts propres, mais dont l'implication de tous est une condition *sine qua non*.

> Le service est l'accompagnement socio-professionnel couplé au contrat de travail. Il s'agit donc de définir le - ou les - service proposé au salarié. Ce ou ces services sont ensuite déployés dans le cadre des parcours proposés, le plus souvent sur la base d'engagements réciproques

ACCOMPAGNER ET MISSIONNER

Les Associations intermédiaires déploient des actions d'accompagnement adaptées et différenciées selon les personnes et les territoires.

Toute entreprise définit les produits ou services qu'elle propose. Il en est ainsi du restaurant qui définit et rend visible sa carte, de l'organisme de formation qui définit et rend visible ses maquettes. L'AI ne fait pas exception à ce principe. Ici, le service est l'accompagnement socioprofessionnel couplé au contrat de travail. Il s'agit donc de définir le ou les services proposés au salarié.

Ce ou ces services sont ensuite déployés dans le cadre des parcours proposés, le plus souvent sur la base d'engagements réciproques.

Cette étape s'appuie sur un diagnostic élaboré en phase d'accueil à partir de la demande et/ou des besoins repérés de la personne d'une part, de l'offre d'insertion de la SIAE et des besoins du territoire d'autre part. Chemin faisant, l'AI facilite la projection de la personne dans une perspective qui la rapproche, ou la met, dans une situation de retour à l'emploi.

_ L'AI au cœur d'un système d'acteurs : l'accompagnement en contrat

L'Association intermédiaire adapte ainsi son offre et ses services aux personnes qu'elle salarie, qu'il s'agisse des volumes d'heures travaillées, de l'intensité ou du contenu de l'accompagnement ou encore de la durée du parcours.

De ce fait, la mise en situation de travail est le tronc commun de chaque parcours mis en œuvre. L'offre d'accompagnement associée est large et variée, mais aussi relative aux territoires couverts, au regard notamment de la capacité à mobiliser un réseau de partenaires. Ces réseaux étant variables d'un lieu à l'autre, les AI ont pour habitude de créer de véritables cartes mentales de leurs partenaires afin d'accompagner le salarié de la manière la plus efficace possible. Les acteurs ainsi liés à l'AI constituent des ressources externes susceptibles d'être mobilisées sur leurs champs de compétences propres.

Les deux figures (Figure 15 et Figure 16) extraites de manuels qualité de structures illustrent de façon assez représentative l'écosystème dans lequel évoluent les AI pour la réalisation de leur objet : l'inclusion et l'insertion. **Organismes de formation, partenaires institutionnels, travailleurs sociaux, autres SIAE, Pôle Emploi, entreprises, organismes de santé : autant d'interlocuteurs du territoire interagissant avec l'AI.** L'intensité et la fréquence de ces interactions s'adaptent évidemment à la trajectoire biographique du salarié, mais aussi aux possibilités offertes par les territoires. En effet, la distribution de ces acteurs ressources est très variable. À titre d'exemple, la relation avec Pôle Emploi est bien différente, pour l'AI et les personnes, selon que l'on se situe à Caen ou à Saint-Hilaire-du-Harcouët, dans le Sud Manche, où la première agence est située à 30 km.

_ La contractualisation en AI : une boîte à outils

Au-delà de ce cadre partenarial, nécessaire à la construction des parcours, le principal vecteur d'accès à l'emploi dans l'IAE reste le contrat de travail. Le Contrat à durée déterminée d'usage (CDDU) est majoritairement utilisé par les AI. Mais comme tout employeur de droit privé, l'Association intermédiaire peut utiliser tous types de contrats s'ils sont adaptés aux besoins des situations rencontrées.

Les contrats aidés

À l'occasion de la publication d'une question-réponse, en 2014, la DGEFP rappelait ainsi que les AI concluent « en grande majorité des contrats dits d'usage », mais qu'elles peuvent également conclure des CDDI prévus à l'article L. 5132-11-1 du Code du travail ou des « contrats aidés (CUI-CAE) dans les taux de prise en charge de droit commun[40] ».

---

40. DGEFP (2014). Questions-Réponses sur l'IAE, p. 35.

La DGEFP considère aujourd'hui que :

« Dans le cadre de la réforme du financement de l'insertion par l'activité économique, l'ensemble des SIAE ont désormais vocation à avoir recours à des contrats financés par l'aide au poste pour leurs salariés en insertion. La conclusion de contrats aidés dans les structures de l'IAE reste néanmoins possible sur des activités ne relevant pas du conventionnement IAE. Dans tous les cas, l'aide relative aux emplois aidés (CUI et emploi d'avenir) ne peut pas se cumuler avec l'aide au poste, pour un même salarié[41]. »

À suivre cette analyse, outre la mobilisation des emplois d'avenir conformément à l'accord COORACE/ministère du Travail, les associations conventionnées AI ne pourraient aujourd'hui recourir au CUI-CAE que pour les fonctions support et les activités ne relevant pas du conventionnement de l'IAE.

Or, un principe général du droit veut qu'il n'y ait pas lieu de distinguer, là où la loi ne distingue pas. En effet, rien ne s'oppose, dans les textes, à l'utilisation des CUI-CAE[42] par des associations conventionnées AI. Les quelques exemples présentés plus bas permettent d'ailleurs de montrer la plus-value à permettre l'utilisation de ces contrats dans le cadre de parcours d'insertion.

Les contrats à durée déterminée d'usage

L'article D. 1242-1 du Code du travail offre la possibilité à l'AI de recourir au CDD dit « d'usage ». Ces CDDU sont ainsi mobilisables pour les emplois portés par l'AI et « pour lesquels il est d'usage constant de ne pas recourir au contrat à durée indéterminée en raison de la nature de l'activité exercée et du caractère par nature temporaire de ces emplois ».

Une autre forme de CDDU a bénéficié d'une expérimentation puis d'un essaimage au sein de la fédération COORACE. Il s'agit du **CDD d'usage dit « amélioré » (CDDUA)**. Le postulat de départ à la mise en place de ces CDDUA relève de plusieurs objectifs[43] :

- 1° Renforcer le lien entre le contrat de travail et le projet associatif de l'AI en recentrant la conclusion du contrat sur le besoin du salarié.
- 2° Répondre aux attentes exprimées par les salariés en parcours d'augmenter leur niveau de rémunération et d'en garantir la stabilité.
- 3° Favoriser l'intégration future dans un emploi ordinaire par l'introduction de droits et obligations « ordinaires ».
- 4° Réduire les risques de requalification CDI des contrats de travail conclus alors que les besoins des clients sont réguliers.

Les contrats à durée déterminée d'insertion

Enfin, le CDDI, créé par la loi du 1er décembre 2008 généralisant le RSA et réformant les politiques d'insertion, est ouvert aux AI (article L. 5132-11-1 du Code du travail). **Ce contrat impose la mise en place d'un volume d'heures hebdomadaires de 20 heures sur une durée minimale de quatre mois. Compte tenu de la variabilité des commandes, cet outil est donc particulièrement complexe pour l'AI.**

_ Des contrats au service de l'insertion

Le CDD d'usage est aujourd'hui le contrat très majoritairement utilisé en AI. Un sondage effectué par COORACE en 2016 auprès de ses adhérents montre que 71 % des AI (137 sur 193) utilisent exclusivement le CDD d'usage. L'utilisation d'autres contrats de travail, plus sécurisants, peut néanmoins revêtir un véritable intérêt pour le salarié. L'usage de contrats de travail longs permet en effet de pallier le risque de maintien dans la précarité, plus souvent associé à l'usage de contrats courts (néanmoins indispensables, ne serait-ce que pour amorcer des entrées en parcours). Ainsi, du contrat

---

41. DGEFP (2015). Questions-réponses relatives aux emplois d'avenir, 6 février 2015, p. 11

42. Ceci reste vrai aujourd'hui dans le cadre des Parcours emploi compétences (PEC).

43. COORACE (2015), Le CDD d'usage amélioré : contrat de travail commenté, fiche pratique, mise à jour du 24 août 2015. Voir annexe 2.

| Figure 15. Exemple 1 de cartographie des partenariats en AI

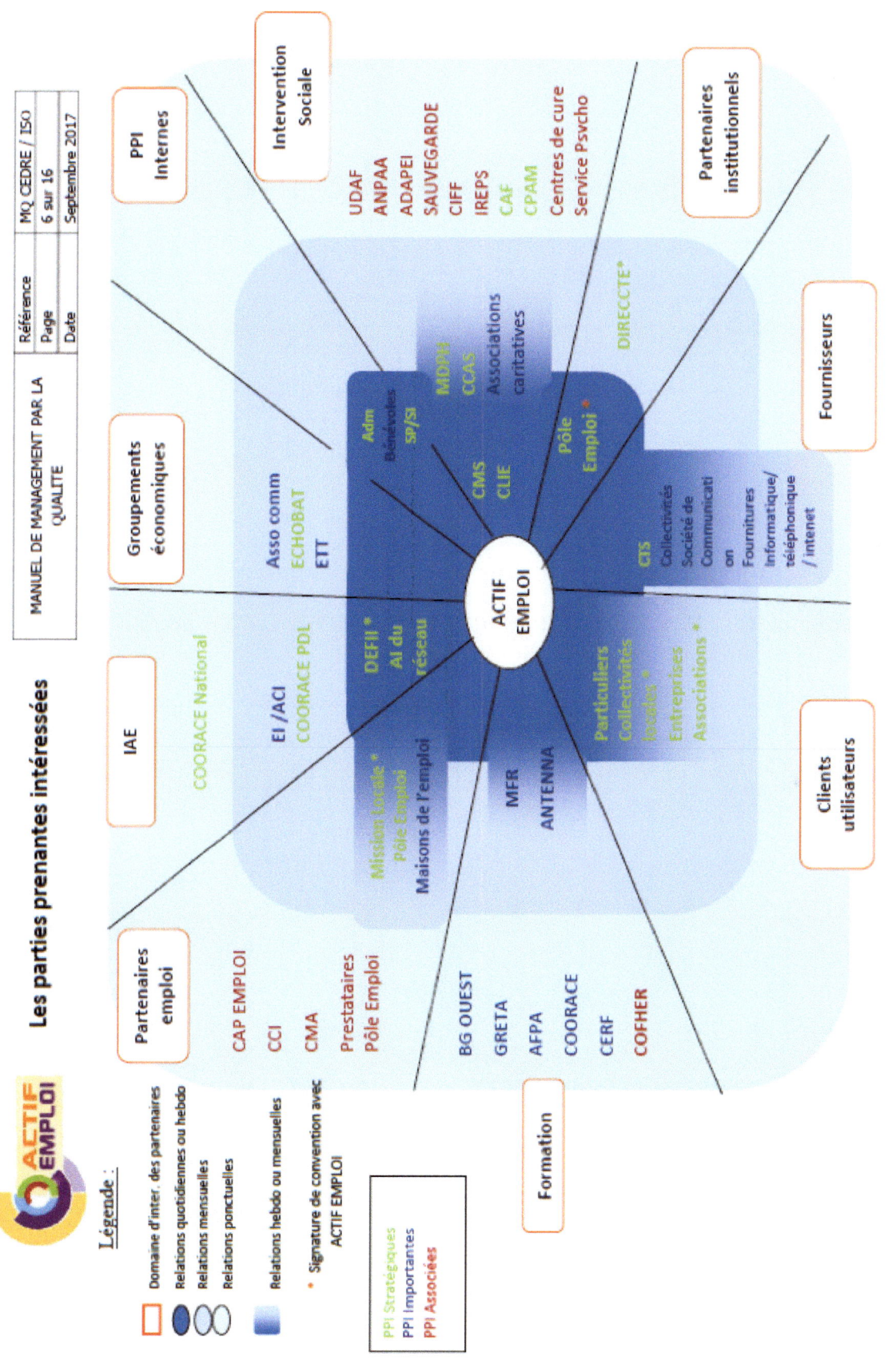

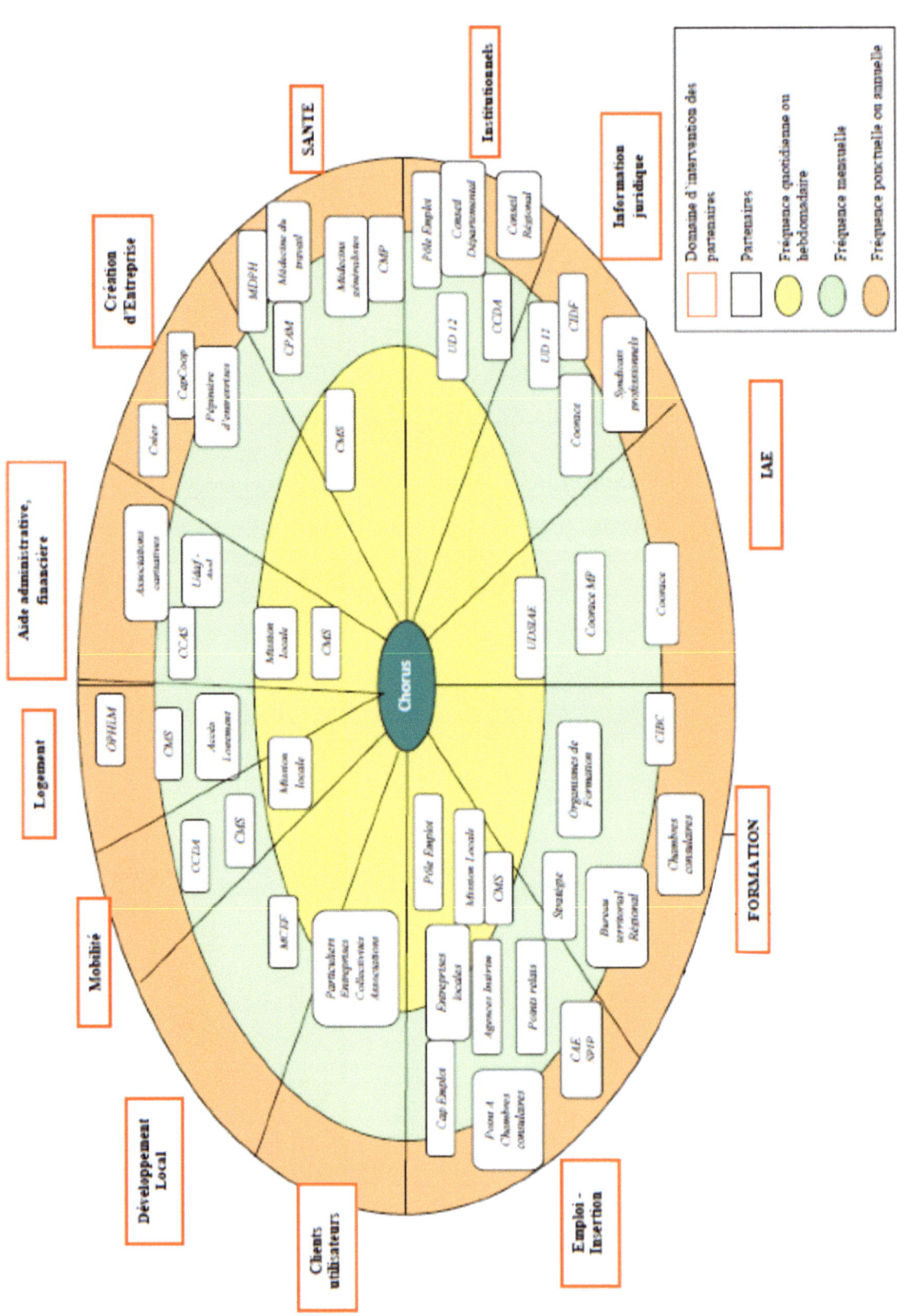

Figure 16. Exemple 2 de cartographie des partenariats en AI

court ou long, l'usage s'appuie sur une véritable adaptation aux contraintes posées par les freins au retour à l'emploi du public concerné, d'une part, mais aussi à l'évaluation du risque dans l'engagement avec le client économique.

Les contrats de courtes durées ont l'avantage de minimiser les prises de risques dans plusieurs situations. En cas de début de parcours ou d'intégration d'un nouveau client, le contrat court sécurise une véritable phase de test tout en garantissant une rémunération du travail. Il en va de même avec certains profils de publics pour qui le contrat court est un outil qui s'adapte à leurs besoins. Dans ce cas, la coconstruction du parcours entre l'AI et le salarié utilise cet outillage pour faciliter les impératifs prévus par l'accompagnement. Autre exemple : en phase de transition ou d'instabilité économique de l'AI, le contrat court permet de retravailler l'organisation et la planification des missions de travail des publics en parcours. À dire le vrai, la plupart des situations observées en AI sont traversées par ces enjeux et, dans une large mesure, induisent l'observation d'un usage important des contrats courts.

Les contrats longs apportent plus de sécurité et de perspectives pour les salariés en parcours. **C'est pour ces raisons que COORACE promeut depuis longtemps des engagements sur les volumes et les durées de travail dans le cadre de la démarche qualité et que le CDD d'usage amélioré a été développé.** Pour réaliser cette ambition, il convient de tenir compte des spécificités économiques des Associations intermédiaires qui dépendent de leur situation géographique, des commandes des clients et de leur degré de coopération avec d'autres structures.

Le contrat de travail se pense comme un outil au service de la construction des parcours. Dans cette optique, le choix de conclure tel ou tel contrat de travail est effectué au regard du besoin du salarié, et non uniquement au regard du besoin du client ou du cadre institutionnel.

À BON DIAGNOSTIC, BON CONTRAT : ÉTUDES DE CAS

Plusieurs pratiques de structures permettent de rendre compte de l'usage des contrats en AI. Toutes rappellent combien la démarche de contractualisation se doit d'être adaptée à la finalité du parcours et aux objectifs fixés dans le cadre de la relation tripartite entre l'AI, le salarié et le client économique.

_ Sécuriser les parcours, répondre aux besoins du territoire
Lorsque les besoins du territoire sont bien identifiés, l'AI peut alors proposer une solution à des employeurs ayant des difficultés à recruter (Document 1). En ce sens, l'action de l'AI va au-delà de son métier premier pour proposer un service de Gestion prévisionnelle des emplois et compétences à ses clients. L'articulation d'un tel postulat avec les outils contractuels susceptibles de faciliter et d'accélérer les parcours est dès lors en question.

L'association s'inscrit clairement dans la pédagogie de l'alternance en mobilisant des outils contractuels complémentaires. Mais cette initiative s'est faite avec une part de risque que ne pourraient pas assumer toutes les Associations intermédiaires : d'une part, un risque juridique puisqu'il a fallu proposer des solutions équivalentes à certaines prescriptions légales ; d'autre part, un risque financier puisque cette expérience a été conduite hors conventionnement.

> Document 1.
> Du bon usage du contrat de professionnalisation en AI

Interm'Aide Emploi est une entreprise conventionnée Association Intermédiaire et Chantier d'Insertion, implantée sur les hauteurs de Rouen dans un quartier urbain sensible où le chômage peut atteindre plus de 40% pour certaines catégories d'actifs.

Dans le cadre de ses diverses activités, Interm'Aide Emploi a développé depuis plusieurs années des partenariats solides avec les bailleurs sociaux sur la filière-métier du « gardiennage d'immeuble ». La connaissance de ce secteur ainsi acquise lui a permis de prendre conscience que ce métier était en tension.

L'AI a alors entrepris le montage d'un projet alliant mise à disposition et actions de formation afin de répondre à ce besoin de territoire. Cela a permis à certains demandeurs d'emploi d'acquérir les compétences nécessaires à une éventuelle embauche via une formation qualifiante (titre professionnel reconnu dans la filière-métier).

Dès mai 2013, Interm'Aide Emploi a développé un projet d'embauches de 13 salariés en contrat de professionnalisation sur un an. Dans ce projet, ses salariés bénéficient d'une formation qualifiante visant le titre professionnel « Gardien d'immeubles » afin de les préparer à l'embauche chez les bailleurs sociaux sur ces postes. Le rythme de l'alternance, caractérisant le contrat de professionnalisation, est garanti par des périodes durant lesquelles ils seront mis à disposition des bailleurs sociaux par l'AI employeur. **L'action est à ce jour pérennisée et une cohorte de salariés est formée chaque année, avec des résultats d'insertion en CDI temps plein proches de 100 %.**

_ **Sécuriser les parcours en développant les possibilités de qualification**

La mobilisation d'un cadre de coopération élargi et adapté permet d'articuler efficacement les dispositifs (Document 2). Le contrat CUI, adossé aux mises à disposition en AI, permet d'allier efficacement formation, accompagnement et emploi. L'AI va ici bien au-delà de sa mission d'intermédiation entre offre et demande d'emploi couplée à un accompagnement.

> Document 2.
> Contrats aidés et stratégies de formation Intermed, Besançon

Le GES Intermed (Besançon) porte un conventionnement AI. Depuis janvier 2016, et chaque année, l'AI recrute en CUI-CAE des personnes habitant des quartiers politique de la Ville et propose à la Ville de Besançon un service « clefs en main » :

Elle salarie des personnes dont elle garantit de remplir le temps de travail à partir d'un lot d'activités supports liées au périscolaire que la ville lui confie (de l'encadrement d'enfants sur des tranches horaires en école maternelle ou primaire à l'accueil en centre de loisirs en passant par l'organisation de l'ensemble des stages liés à l'obtention du BAFA).

Il ne reste plus aux différentes directions de la ville concernées (Education et Vie des quartiers) qu'à coordonner leurs « commandes », Intermed gérant - outre les plannings et le respect du contrat de travail - l'accompagnement socio-professionnel des salariés et la mise en place des formations, en lien avec les tuteurs désignés dans les écoles.

Pour les salariés concernés, cette coordination bien pensée permet de se projeter, avec un salaire lissé durant 1 an, un planning annuel connu et une formation pour l'obtention du BAFA.

_ **Sécuriser les fins de parcours professionnels des seniors**

Dans un contexte globalement difficile d'accès à l'emploi des plus de 50 ans, la part des séniors en insertion (majoritairement des femmes) au sein des AI est importante (Document 3). En période de hausse du chômage, elle tend sensiblement à s'accroître (la part des + de 50 ans dans les effectifs sédentaires[44] des AI de la Manche et du Calvados est passée de 52 à 55 % entre 2013 et 2015). Dans ce contexte, l'enjeu pour les AI est de lutter contre la précarisation des séniors en leur offrant autant que possible un emploi durable, répondant ainsi à leur mission première de lutte contre les exclusions.

> Les association AIRE à Lion-sur-Mer et Ose à Granville ont expérimenté l'utilisation du CUI afin de sécuriser les fins de parcours professionnels de personnes proches de la retraite. Le projet vise à lutter contre la précarisation des séniors de plus de 55 ans en leur offrant autant que possible un emploi. Pour atteindre ces objectifs, le projet s'appuie sur le CUI/ CAE dit « seniors ».
>
> Ces contrats sont mobilisés par l'association intermédiaire en faveur des personnes salariées de l'AI dont le départ à la retraite surviendra au plus tard dans les 60 mois suivant la conclusion du contrat Les ressources supplémentaires (aides publiques, issues des CAE) ainsi obtenues sont affectées à un fonds de formation interne. Ce fonds a vocation à financer des formations qualifiantes ciblées prioritairement sur les personnes de - de 57 ans, présentes dans l'AI et dont le risque de sédentarisation est important.
>
> Le fonds est donc alimenté chaque année sur la durée des contrats, le temps que chaque bénéficiaire arrive à la retraite.

Document 3. Contrats aidés et consolidation des droits pour les seniors AIRE, Lion-sur-Mer

_ La qualité au service des parcours

Au-delà de ces exemples basés sur la mobilisation de contrats spécifiques, incluant des moyens financiers supplémentaires, bon nombre d'AI s'engage sur des politiques contractuelles fortes. La démarche qualité ISO 9001 selon le domaine d'application Cèdre impose notamment dans ses exigences un engagement sur le volume d'heures proposé aux salariés (Document 4).

Véritables accompagnatrices des projets professionnels, au service des territoires, les AI mobilisent ainsi une offre plurielle. Elle s'articule autour de missions de travail correspondant au projet de la personne, d'un accompagnement individualisé, d'une évaluation des missions (vérification et validation des capacités et compétences), de la mobilisation des partenaires ainsi que d'un accès à la formation.

L'ensemble des AI engagées en démarche qualité (plus de 120 dans le réseau COORACE) sont aujourd'hui dans cette dynamique de sécurisation des parcours par la proposition de contrats d'engagement s'attachant à garantir les volumes travaillés.

> Certifiée ISO 9001 selon le domaine d'application CEDRE, Actif est une entreprise conventionnée Association Intermédiaire à Caen, dans le Calvados.
>
> Comme l'ensemble des structures en démarche qualité, elle déploie une démarche de construction des parcours articulant accompagnement socio-professionnel et engagement de mobilisation d'heures.
>
> Le tableau de suivi ci-dessous présente les moyennes mensuelles et annuelles d'heures de travail dégagées pour les salariés en parcours de l'AI (Tableau 4).
>
> Dans ce cadre, chaque salarié de l'AI, à l'issue de la phase d'accueil et d'intégration, bénéficie d'une convention d'objectifs et de moyens et d'un accompagnement individualisé. L'outil contractuel utilisé ici est le CDDU.

Document 4. L'engagement qualité pour la sécurisation des parcours. Actif, Caen

---

44. Salariés présents dans l'effectif de l'AI depuis plus de deux ans.

Tableau 4. Moyennes mensuelles et annuelles des salariés en parcours de l'AI

	SALARIÉS EMBAUCHÉS	TOTAL HEURES PAYÉES	ETP MOYEN / SALARIÉ
Janvier 2017	57	2 656	35 %
Février 2017	51	2 598	38 %
Mars 2017	65	3 796	44 %
Avril 2017	58	2 760	36 %
Mai 2017	55	2 621	36 %
Juin 2017	61	2 921	36 %
Juillet 2017	56	2 461	33 %
Août 2017	51	2 347	34 %
Septembre 2017	60	2 799	35 %
Octobre 2017	70	3 026	32 %
Novembre 2017	62	2 550	31 %
Décembre 2017	62	2 954	36 %
Année 2017		33 489	36 %

_ CONCLUSION

On le voit, le CDDU n'exclut pas la mise en place de parcours de « qualité », sécurisants pour le salarié. Pour autant, la relation contractuelle qu'il pose reste objectivement précaire pour le salarié qui est toujours dépendant des fluctuations de l'activité de l'Association intermédiaire.

Comme nous l'avons vu, **des contrats plus longs, adossés à des moyens supplémentaires permettant un accompagnement renforcé et un accès amélioré à la formation sont vecteurs de parcours d'insertion plus efficaces.**

Dans sa forme actuelle (durée et volume horaire), le CDDI :

- est peu adapté aux contraintes de l'AI ;
- est très peu incitatif parce qu'il n'intègre aucune aide supplémentaire ;
- fait peser sur l'AI le risque d'heures payées au salarié qui ne feraient pas l'objet d'une facturation au client.

Il est difficile, voire impossible pour les AI d'assumer ces risques dans un modèle économique plus que contraint, ce d'autant plus qu'elles présentent le coût horaire par salarié en insertion le plus élevé de l'ensemble des SIAE[45]. La construction de parcours longs dans les AI est par ailleurs rendue difficile par la règle dite des « 750 heures ». En effet, au-delà de cette limite annuelle à l'échelle d'un salarié, elles ne peuvent appliquer aucune exonération, pas même les exonérations de droit commun sur les bas salaires (exonération « Fillon »). Ainsi les structures proposant des parcours qui mobilisent des volumes conséquents d'heures de travail sont fortement pénalisées économiquement.

> Le CDDI est peu adapté aux contraintes de l'AI. Parce qu'il n'intègre aucune aide supplémentaire, il est très peu incitatif et fait peser le risque d'heures payées au salarié qui ne feraient pas l'objet d'une facturation au client

> Les AI représentaient (en 2016) 43 % des effectifs de l'ensemble du secteur de l'IAE pour seulement 2,89 % du budget

---

45. Voire Étude coût des salariés en insertion par SIAE - Soligest 2017 - en annexe 3.

Rappelons également qu'en 2016[46] les AI représentaient 43 % des effectifs de l'ensemble du secteur de l'IAE pour seulement 2,89 % du budget.[47]

Les mesures de performance nationale « officielles » pour l'année 2016 manquent. Le rapport IGAS de 2013[48] pointait néanmoins la performance « insertion » des AI avec **36 % de sorties en emploi durable et 83 % de sorties dynamiques en 2010**[49]. **Au regard de l'Observatoire COORACE, ce taux est de 87,35 % au sein des AI COORACE en 2016** (Tableau 5).

	SORTIES DE + DE 150 HEURES	SORTIES EN EMPLOI DURABLE	SORTIES EN EMPLOI DE TRANSITION	SORTIES POSITIVES	SORTIES DYNAMIQUES
Pourcentages	100	33,35	27,45	26,55	87,35

Tableau 5. Sorties des salariés en parcours en 2016

Le développement de ces dynamiques de sécurisation des parcours par la conclusion de contrats de travail plus longs et sécurisants pourrait être facilité et renforcé par :

- l'adaptation du CDDI aux spécificités des Associations intermédiaires ;
- la reconnaissance généralisée que les AI sont légitimes à utiliser l'ensemble des outils contractuels y compris les contrats aidés ;
- la possibilité de bénéficier de l'exonération Fillon à partir de la 751e heure de travail pour un salarié en parcours ;
- une aide au poste revalorisée pour les parcours sécurisés.

CONDITIONS DE REUSSITE

Adapter le CDDI aux Associations Intermédiaires avec un minimum d'heures hebdomadaires déterminé au bénéfice du parcours du salarié pouvant être modulé afin de sécuriser le salarié et l'AI employeuse

Conserver l'«agilité» de l'AI et sa capacité d'adaptation aux besoins du salarié accompagné en lui laissant la possibilité de choisir le mode de contractualisation optimal (diversité des contrats)

Réaliser un recueil d'expériences aux fins d'évaluation et d'essaimage de manière continue

Revaloriser l'aide au poste pour les contrats sécurisés

---

46. DARES (2017). L'insertion par l'activité économique en 2016 : stabilité de l'emploi malgré une reprise des embauches dans les EI et les ETTI, Analyse, n° 74.

47. L'étude Dares indique 17 600 ETP réalisés en AI en 2016, financés à 1 319 euros soit 23 214 400 euros d'aide au poste AI, pour un budget IAE 2016 de 802 987 384 euros. Voir également l'Instruction DGEFP/SDPAE/MIP/2016/62 du 2 mars 2016 portant notification des enveloppes financières régionales 2016 relatives à l'insertion par l'activité économique.NOR : ETSD1606404J, disponible sur :http://travail-emploi.gouv.fr/publications/picts/bo/20160004/tre_20160004_0000_0005.pdf

48. PELOSSE H. et al. (2013). Le Financement de l'Insertion par l'activité économique, op. cit., p. 329.

49. Les sorties dynamiques sont les sorties en emploi durable (CDI, CDD de six mois ou plus, etc.), en emploi de transition (CDD de moins de six mois, contrats aidés) et les sorties positives (formations préqualifiantes, qualifiantes ou embauche dans une autre SIAE).

UNE DURÉE DE PARCOURS ADAPTÉE AU TERRITOIRE

_ RÉSUMÉ

Confrontés à l'évolution des formes de la précarité, ainsi qu'au brouillage des frontières traditionnelles entre les situations « d'emploi » et de « sans-emploi », les acteurs de l'inclusion par le travail sont aujourd'hui amenés à réinterroger leurs conceptions et leurs représentations.

Reconnaissance par Pôle Emploi de la figure du « salarié précaire » comme éligible à l'Insertion par l'activité économique, possibilités de conclure des contrats à durée déterminée d'insertion pour des durées de cinq ans dans certains cas, recherche de solutions dépassant même la notion de « sas vers l'emploi ordinaire » (Territoires zéro chômeur de longue durée) sont autant de signes d'une prise en compte de ces évolutions.

Dans ce contexte, les Associations intermédiaires ne font pas exception, et la relative liberté d'action dont elles disposent les amène aujourd'hui à adapter leurs pratiques en termes de durée de parcours aux besoins des trajectoires individuelles.

Elles sont en effet parfois amenées à salarier et accompagner des personnes sur des durées dépassant les deux ans. Ces durées de présence longues ne génèrent pas un « enkystement » dans les Associations intermédiaires. Elles permettent au contraire à bon nombre de personnes de saisir des opportunités après s'être reconstruites. Ces situations sont essentiellement le fait des personnes les plus vulnérables en termes d'accès à l'emploi, majoritairement des femmes âgées de plus de cinquante ans et les Associations intermédiaires jouent ici un rôle protecteur qu'il convient de reconnaître et appuyer.

> *« Les associations intermédiaires [...] ont pour objet [...] de permettre à des personnes sans emploi, rencontrant des difficultés sociales et professionnelles particulières, de bénéficier de contrats de travail en vue de faciliter leur insertion sociale et professionnelle. La vocation d'insertion professionnelle des associations intermédiaires impose de circonscrire la durée du parcours dans la structure à une durée raisonnable au regard de l'objet de celle-ci. »*
>
> (DGEFP 2005)

SANS EMPLOI, DUREE DE PARCOURS « RAISONNABLE[50] » : deux notions constitutives du secteur de l'Insertion par l'activité économique, lui-même pensé historiquement autour de la fonction de sas vers l'emploi. Pourtant, la mission de « sas » vers l'emploi pérenne, institutionnalisée pour l'Insertion par l'activité économique en France, montre ses limites. Pendant longtemps, les marchés locaux du travail n'ont plus offert d'opportunités d'emplois satisfaisantes. Ce constat est d'autant plus fort que les personnes en situation précaire sont de plus en plus nombreuses et n'appartiennent plus uniquement aux catégories administratives traditionnelles des politiques publiques d'insertion. Dans un contexte de reprise de la croissance depuis quelques mois, le risque d'une accentuation de ce cloisonnement plane. En effet, tous les territoires ne bénéficient pas de la même croissance et les bénéficiaires d'un retour de la croissance sont généralement les publics les moins éloignés de l'emploi[51].

EN QUÊTE DE RECIPROCITÉ : L'AI ET L'INSTITUTION A LA CROISÉE DES REGARDS

Ces constats conduisent les professionnels de l'insertion comme les institutions à penser différemment la question de l'insertion par l'emploi. L'appui apporté au projet Territoires zéro chômeur de longue durée en est un bon exemple. **Le postulat de départ de ce projet est proche, si ce n'est identique, à celui qui présida jadis à la création des AI.** Ne s'agit-il pas de lutter efficacement contre le chômage en travaillant à la mise en relation des besoins du territoire avec l'offre de travail des demandeurs d'emploi en situation de précarité ?

_ Définir et caractériser l'IAE

Ces questionnements traversent l'IAE. Dans son annexe II, l'accord Pôle Emploi de 2015[52] indique que des personnes « sans emploi (qu'elles soient inscrites ou non à Pôle Emploi) ou en emploi précaire » sont éligibles à l'IAE. **Cette assertion relativise ainsi la notion de « sans-emploi » et reconnaît**

---

50. La notion de « durée raisonnable » appartient aux standards juridiques ou notions à contenu variable, utiles pour assurer la permanence de la législation qui peut s'adapter à l'évolution des usages et faits sociaux.

51. BORELLO J.-M. (2018). Donnons-nous les moyens de l'inclusion, Rapport à la ministre du Travail du 16 janvier 2018, p. 10-11.

52. Accord-cadre entre l'État, Pôle Emploi et les réseaux de l'IAE, mars 2015.

implicitement la pertinence de l'IAE à s'adresser aux travailleurs à temps partiel en situation de précarité. L'instruction DGEFP de 2005[53] indiquait déjà la possibilité de cumuler contrats d'intérim et missions en AI. Ainsi, l'interprétation des textes réglementaires de l'IAE porte en son sein la double vocation d'inclusion sociale et d'insertion professionnelle dans la diversité des situations individuelles que ces deux approches sous-entendent. Le rapport Borello en fait l'écho, rappelant que la problématique de l'emploi, par-delà les 2,7 millions de personnes qui en sont privées, concerne aussi « ceux qui sont découragés ou ceux qui sont dans des formes précaires d'emploi[54] ».

Parallèlement, la notion de « durée de parcours raisonnable » est évoquée dans l'instruction. Elle fait aujourd'hui l'objet d'appréciations variables. En effet, les ACI sont autorisés à conclure des CDDI de cinq ans pour les plus de 50 ans et les prolongations d'agrément sont autorisées, sinon encouragées par Pôle Emploi dans un certain nombre de cas.

_ **La mise en application du cadre et ses contradictions pour les AI**

Pour les AI, les positions des unités territoriales sont variables, rarement écrites, et oscillent entre plusieurs interprétations. L'une d'entre elles établit un lien informel avec la durée de l'agrément Pôle Emploi : « Elle est de l'ordre de 24 mois par comparaison à ce qui s'impose à tous les autres types de SIAE[55] ». D'autres intègrent des durées de présence plus importantes : « Seuls les salariés présents depuis moins de 60 mois seront pris en compte dans le calcul de l'aide au poste[56] ».

Enfin, une autre position consiste à envisager la question de la durée de parcours à travers une meilleure compréhension d'un phénomène souvent appelé « sédentarisation » (salariés présents depuis plus de deux ans en AI). Les Unités territoriales de la Manche, du Calvados[57] ou de Vendée ont ainsi accompagné une réflexion sur ce sujet et épaulé l'approche développée par les AI selon des logiques d'individualisation des parcours, de qualité des emplois, etc. Ainsi, en Vendée, un accompagnement collectif mené dans le cadre du Dispositif local d'accompagnement (DLA), achevé en décembre 2015, a montré que le phénomène de sédentarisation interrogeait cette notion de durée raisonnable au regard des profils de salariés concernés (personnes de plus de 55 ans, souvent en situation de multiemploi « nécessitant un appui supplémentaire pour une insertion dans le milieu classique »).

> Les positions institutionnelles sur les durées de parcours en AI renvoient à des impératifs de « bonne gestion » des fonds publics dédiés à l'aide au poste et ne remettent pas en question la pertinence à faire travailler des personnes aux sein des AI sur des durées plus longues.

Dans tous les cas, il est intéressant de constater que les positions institutionnelles sur les durées de parcours en AI renvoient à des impératifs de « bonne gestion » des fonds publics dédiés à l'aide au poste et ne remettent pas en question la pertinence à faire travailler des personnes au sein des AI sur des durées plus longues. L'interrogation autour des durées de parcours n'en reste pas moins signifiante. D'une part, les AI n'ont sans doute pas suffisamment rendu visible leurs métiers et fonctions. D'autre part, elles n'ont pas su communiquer sur les publics concernés par cette situation, ni sur les raisons de la sédentarisation.

---

53. Instruction DGEFP n° 2005-37 du 11 octobre 2005, op. cit

54. Ibid.

55. Courrier du 28 juillet 2015 de l'UT de Haute-Garonne, adressé à une AI.

56. DIRECCTE Grand Est (2017). Note sur l'aide aux postes aux AI.

57. BOUVET L. (2017). Étude sur la situation des sédentaires en AI (Manche et Calvados), Rapport COORACE Basse-Normandie.

_ UNE DURÉE DE PARCOURS ADAPTÉE AU TERRITOIRE

LES SÉDENTAIRES EN AI : L'EXEMPLE DU CALVADOS ET DE LA MANCHE

Dans le Calvados et la Manche, les Unités territoriales ont commandé à COORACE Normandie une étude sur le phénomène de sédentarisation dès 2015.

Une étude pour mieux comprendre

Cette étude, menée sur les années 2013 à 2015, avait pour objectifs d'évaluer quantitativement le phénomène de sédentarisation, ainsi que d'en comprendre les raisons. L'ambition était également d'objectiver autant que possible la spécificité des AI dans le paysage de l'IAE. Il s'agissait donc, *in fine* d'analyser la fonction de sas vers l'emploi de l'AI, d'envisager les réponses proposées pour des situations de précarité complexes ou nouvelles. À titre d'exemple, *quid* de l'accès à l'emploi des séniors, quid des travailleurs vivant sous le seuil de pauvreté, etc.

Pour répondre à ces questionnements, 18 Associations intermédiaires, de toutes tailles (de 10 000 heures à 100 000 heures de mise à disposition annuelle) et implantées sur des territoires aux configurations très diverses se sont engagées. Ces structures salariaient environ 3 000 personnes par an pour une population « sédentaire » comprise entre 800 et 900 personnes selon les années.

_ Données du phénomène de sédentarisation

L'analyse des données sur trois années a permis de comprendre ce phénomène. Le rapport produit par COORACE Normandie indique que la population sédentaire en AI représente 30 % des effectifs mais connaît une dynamique de baisse de 10 % sur les 36 mois considérés. **Le public concerné par le phénomène de sédentarité est majoritairement âgé de plus de 50 ans.** La catégorie de plus de 55 ans augmente en nombre d'individus et représente à elle seule 35 % de l'activité des sédentaires. Une autre caractéristique observée relève du genre et du niveau de qualification. **La population féminine représente 72 % des sédentaires et les personnes peu ou pas formées représentent 86 % des effectifs.** Pour ces deux catégories de publics, une surreprésentation par rapport aux effectifs totaux des AI est observée.

L'activité générée par cette population est stable sur l'ensemble de la période et s'établit à un volume de près de 45 % de l'activité globale des associations intermédiaires. Majoritairement, les salariés sédentarisés effectuent des travaux auprès de particuliers et, dans un cas sur deux, sur des missions d'entretien du domicile. L'analyse des données a également permis de caractériser qu'une majorité des salariés concernés étaient présents dans les AI depuis plus de cinq ans : 57 % des salariés sédentaires pour 58 % de leur activité.

Dans leur grande majorité, ces salariés étaient inscrits à Pôle Emploi et, dans un cas sur trois, ils étaient en situation de multiemploi.

_ Penser la sédentarité des salariés en AI à l'aune de son insertion dans l'emploi

Chaque AI a son histoire, a défini son projet, sa stratégie commerciale, son organisation de l'accompagnement, son territoire et ses représentations. S'il est impossible de dresser systématiquement des relations de causalité au regard de l'impact lié au fonctionnement propre à chaque structure, **quatre facteurs semblent déterminants dans le phénomène de sédentarisation.**

- Le premier relève **du genre**. En effet, le phénomène de sédentarisation y est étroitement lié : en témoigne la part des femmes dans l'effectif des sédentaires ;
- le deuxième concerne **l'âge des salariés**. Pour les salariés de plus de 50 ans, un rapport apparaît : plus les salariés de 50 ans sont nombreux dans les effectifs, plus le nombre d'individus ayant une durée de parcours supérieure à 24 mois augmente ;
- le troisième relève du **rapport de l'AI au territoire**. Dans le prolongement du chapitre premier, dans lequel est caractérisé le rapport de l'AI à son territoire, il apparaît que l'activité auprès des particuliers tend à accroître le phénomène de sédentarisation ;
- enfin, un quatrième facteur est directement lié au **stock d'emplois disponibles sur les territoires.** Contre toute attente, là où le chômage est faible, là sont réunies les conditions favorisant la sédentarité. En effet, dans ces territoires, les postes restant à pourvoir sont inaccessibles aux

profils évoqués précédemment. La situation des deux départements de la Manche et du Calvados tend à confirmer que les AI avec de forts taux de sédentarisation sont situées sur des territoires où le chômage est plus faible (Figure 17).

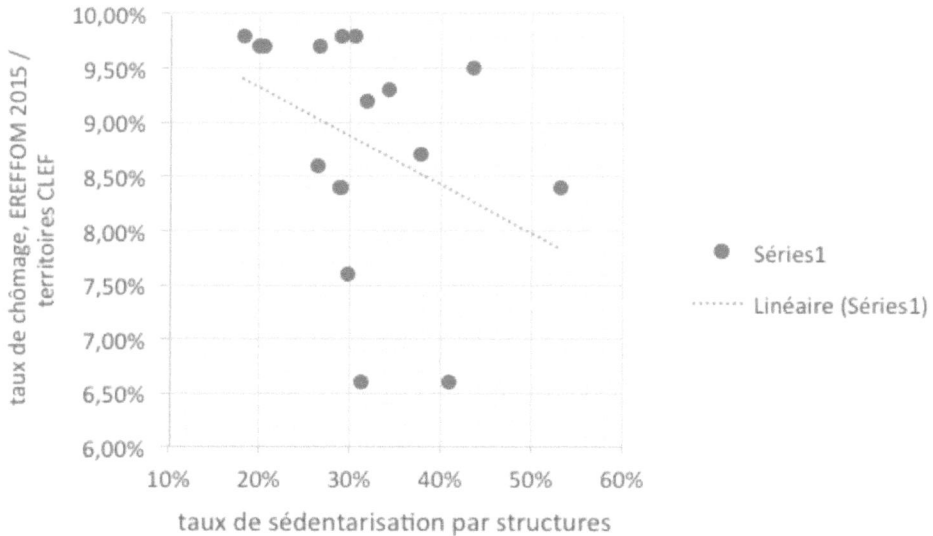

Figure 17. Lien entre taux de chômage et sédentarisation

Source : Données des AI de la Manche et du Calvados, 2015

Lecture : Nuage de points croisant le taux de chômage sur le territoire et le taux de sédentarisation des AI. Une corrélation entre taux de chômage et taux de sédentarisation s'observe : plus le taux de chômage est faible, plus le taux de sédentarisation est fort.

> Ces quelques éléments montrent l'intérêt de l'action des associations intermédiaires auprès d'une population fragile et largement discriminée à l'emploi. On peut ainsi dresser le « profil type » de la population sédentarisée : une femme de plus de 55 ans, sans qualification et cumulant des petits emplois partiels dans et hors l'AI.

Ces quelques éléments montrent l'intérêt de l'action des Associations intermédiaires auprès d'une population fragile et largement discriminée à l'emploi. On peut ainsi dresser le « profil type » de la population sédentarisée : une femme de plus de 55 ans, sans qualification et cumulant des petits emplois partiels dans et hors l'AI.

_ **Les sédentaires ne sont pas les laissés-pour-compte de l'AI**
Au-delà de ces constats, et dans une perspective de questionnement autour de la notion de « durée raisonnable », cette population présente depuis plus de deux ans dans les AI de la Manche et du Calvados n'est pas figée, ou « enkystée » dans ces structures. Plusieurs éléments viennent étayer cette affirmation.

- Tout d'abord, **les sédentaires représentent 14 % du volume global des sorties** en 2015, soit 183 personnes ;
- ensuite, **les effectifs sédentaires se renouvellent de 19 à 23 % tous les ans.** Enfin, ce taux de rotation à l'échelle de l'étude, c'est-à-dire entre 2013 et 2015, montre un renouvellement des effectifs sédentarisés de plus de 61 %. Ce phénomène de renouvellement est le fait des salariés qui dépassent les deux ans de parcours (entrées) ainsi que des sédentaires qui sortent de l'AI.

On constate qu'une durée de présence importante n'empêche pas l'accès à l'emploi « ordinaire ». Au contraire, les sorties témoignent de l'impact qualitatif généré par le parcours. Ainsi, 39 % des salariés sortis après plus de cinq ans de présence bénéficient d'un CDI (Figure 18). L'AI joue par ailleurs un rôle important d'accompagnement vers la retraite des salariés âgés : 19 % des sorties des parcours de plus de cinq ans se font grâce à l'ouverture des droits à la retraite. Ce taux monte à 36 % pour les salariés âgés de plus de 55 ans (Figure 19).

> Entre durée de parcours communément admise et durée du « juste » parcours en AI, favorable à l'insertion professionnelle des publics…

À travers ces diverses observations, l'analyse du phénomène de la « sédentarité » bat bon nombre d'idées reçues et de faux-semblants. Ne serait-ce pas là le signe d'une

contradiction majeure entre une durée de parcours communément admise par déformation (24 mois) et la durée du « juste » parcours en AI, favorable à l'insertion professionnelle des publics ?

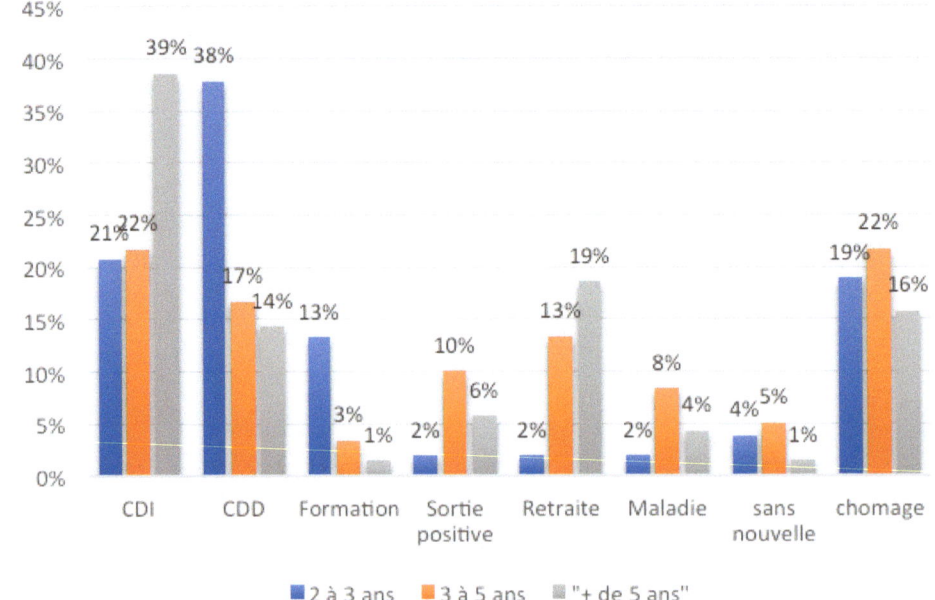

Figure 18. Nature des sorties par durée de présence dans les AI pour l'année 2015

Lecture : 39 % des sorties de salariés présents depuis plus de cinq ans en AI se font pour un CDI.

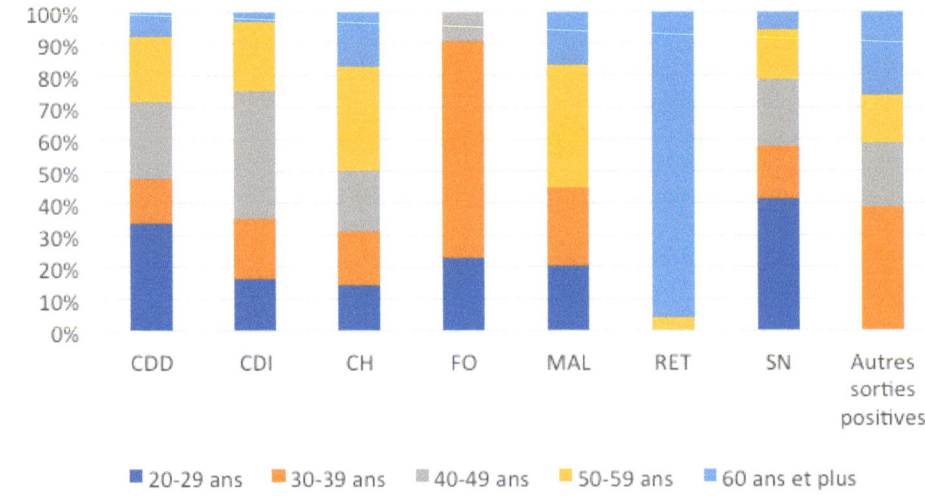

Figure 19. Répartition des sorties des sédentaires en AI par catégorie d'âge en 2015 (en %)

Lecture : 33 % des sorties en CDD de salariés sédentaires en AI concernent la tranche d'âge 20-29 ans.

TRAJECTOIRES BIOGRAPHIQUES ET BONNE DURÉE DE PARCOURS

Si les données chiffrées nous en convainquent, elles ne rendent pas compte des trajectoires biographiques individuelles des salariés. Afin d'aborder la question des durées de parcours à l'aune de situations individuelles, suivons à présent les trajectoires de salariés dits « sédentarisés » au sein de l'AI.

_ Exemple premier

Sur le premier exemple (Document 5), l'apport de l'AI se positionne en tant qu'appui à la structuration d'une activité basée sur une approche multiemployeur. C'est aussi un moyen de compléter les revenus de cette personne dans une logique de lutte contre la pauvreté. Au terme d'un parcours très long, l'accompagnement social et professionnel a permis de structurer la stratégie d'emploi de la personne tout en la sécurisant économiquement. La relation humaine et la simplification administrative avec la cliente de 93 ans sont également un élément pris en compte.

> Mme B., 49 ans, a d'abord travaillé dans le commerce avant de mettre sa carrière entre parenthèses pour élever ses 2 enfants. En 1998, elle s'inscrit à l'AI pour reprendre progressivement une activité professionnelle dans l'emploi familial. Elle a ainsi travaillé environ 900 heures annuelles jusqu'en 2010. C'est alors qu'elle fait le choix de baisser rapidement son niveau d'activité afin de développer son activité en CESU, système plus rémunérateur pour elle. Depuis 2012, Mme B travaille chaque semaine 34 heures en CESU chez 12 employeurs, et 2 heures avec l'AI (soit 100 heures environ par an), chez une cliente de 93 ans qui ne souhaite pas changer de dispositif.

Document 5. Appui d'une approche multiemployeur

_ Exemple 2

Dans ce deuxième exemple (Document 6), l'apport de l'AI se situe ici sur l'appui à la reprise de confiance en soi ainsi que sur la capacité à s'adapter aux contraintes personnelles et familiales de la personne. L'organisation au regard de celles-ci est l'essence de l'identité de l'AI : aménager le temps de travail et le temps de l'accompagnement dans une durée de parcours appropriée.

> Mme X a bénéficié d'une prescription de Pôle Emploi auprès de l'AI. L'objectif était alors de retrouver des heures de travail suite à un congé parental. Mme X a 2 enfants, dont le premier, « lourdement » handicapé, nécessite un accompagnement total. Dans sa situation, deux problématiques se croisent : celle de l'aidant et celle de la recherche d'emploi. Les horaires doivent être compatibles avec les horaires scolaires de son enfant handicapé. Éprouvant des difficultés dans la maîtrise du français, et cela malgré plusieurs stages effectués à travers le cadre d'accompagnement de l'AI, elle ne dispose pas du permis B. L'ensemble de ces difficultés n'ont que difficilement permis à Mme X d'intégrer des heures de travail, notamment en raison de sa volonté de ne pas laisser son enfant. Mise en confiance dans son parcours, elle a progressivement bénéficié de quelques clients réguliers et a finalement pu obtenir son permis B. Ainsi a-t-elle obtenu un CDD d'aide à domicile après une durée de parcours de 4 ans.

Document 6. Appui à la confiance en soi et adaptation aux contraintes individuelles

_ Exemple 3

Dans l'exemple 3 (Document 7), l'AI se positionne comme véritable « constructeur » d'un parcours d'insertion « classique », de type IAE, mais sur une durée de parcours de quatre ans. Une fois encore, le succès du parcours repose sur une adaptation de l'organisation de l'AI en termes de planification des missions et de l'accompagnement, le tout en cohérence avec le rythme d'une trajectoire biographique singulière.

> M. A, 31 ans, s'inscrit en 2012 dans une AI. Il travaille plus de 400 heures par an. Dans un premier temps, M. A. intègre la structure pour bénéficier d'heures de travail et d'un accompagnement socio-professionnel. Malgré des problèmes de santé, l'aménagement du parcours lui permet de se qualifier dans le secteur des espaces verts. Après avoir travaillé chez des particuliers et en entreprise, il quitte l'AI au début de l'année 2016 pour une embauche en CDD de plus de six mois au sein de l'entreprise utilisatrice dans laquelle il travaillait avec l'AI.

Document 7. Appui à un parcours d'insertion « classique » sur quatre ans

_ UNE DURÉE DE PARCOURS ADAPTÉE AU TERRITOIRE

_ CONCLUSION

La durée de parcours raisonnable est celle qui permet aux personnes d'accéder à l'emploi en « sortie ». Si la majorité des salariés des AI effectue un bref passage de moins d'un an (57,4 %)[58], d'autres ont besoin de plus de temps pour se reconstruire et saisir une opportunité, ne serait-ce qu'en considérant la durée nécessaire pour enclencher une dynamique positive.

Pour autant les sorties de personnes ayant effectué plus de deux ans de parcours sont effectives et très majoritairement positives. C'est la capacité de l'AI à s'adapter aux trajectoires de vie qui permet d'obtenir ces résultats.

De ce point de vue, il apparaît plus que légitime de reconnaître que la durée de 24 mois ne renvoie pas forcément à la durée nécessaire pour la réalisation d'un parcours d'insertion en Association intermédiaire. Une durée de parcours de plus de deux ans (cinq ans) se justifie donc pleinement.

CONDITIONS DE RÉUSSITE

Conforter l'AI dans sa capacité à déterminer la durée de parcours adaptée aux besoins, en fonction des personnes et du territoire. Cette latitude est permise par la seule référence dans les textes réglementaires à une « durée de parcours raisonnable »

Autoriser clairement la mise à disposition sur la durée correspondant aux besoins et finalités poursuivies avec chaque personne

---

58. DARES (2017). L'Insertion par l'activité économique en 2016…, op. cit.

L'AI EMPLOYEUR DURABLE

_ RÉSUMÉ

Malgré leur vocation d'employeur temporaire visant un accès à l'emploi ordinaire, les Associations intermédiaires sont parfois amenées à salarier durablement un certain nombre de personnes. Ces personnes se caractérisent par une fragilité importante vis-à-vis de l'emploi. Si d'autres profils peuvent exister, il s'agit en effet, dans la majorité des cas, de femmes en fin de parcours professionnel et en situation de multiemploi dans des activités peu qualifiées d'entretien du domicile. En faisant le choix de salarier ces personnes de façon durable, aux marges de la logique de l'Insertion par l'activité économique, les Associations intermédiaires se positionnent comme pivots qui compensent les défaillances du marché du travail classique. Elles stabilisent ainsi la situation de ces personnes qui, sans ces solutions, seraient renvoyées à une situation de précarité accrue.

Ce positionnement d'employeur durable et solidaire s'accompagne d'un véritable accompagnement visant à permettre un accès aux droits (retraite), résoudre des problématiques de santé ou encore garantir une stabilité financière.

La question de la consécration des Associations intermédiaires dans ce rôle d'employeur durable et solidaire, associée à une recherche de l'amélioration de la situation de ces personnes dans leur statut de salarié est donc aujourd'hui posée.

> « Au-delà de la question de la durée du parcours d'insertion, se pose la question de savoir si l'IAE peut toujours jouer un rôle de sas et s'il n'est pas illusoire de considérer que tous les salariés en insertion ont vocation à s'insérer sur le marché du travail à l'issue de leur parcours. »
>
> IGAS 2015

L'ASSOCIATION INTERMÉDIAIRE A UNE VOCATION d'employeur temporaire. Quelles que soient les durées de présences considérées, c'est un tremplin vers l'emploi sur le marché du travail classique. Cependant, les circonstances locales et les situations des personnes peuvent contraindre certaines AI à penser des alternatives à l'emploi classique pour pallier les défaillances du marché du travail. Outre les stratégies de coopération avec d'autres acteurs du territoire[59] et la création de structures ad hoc[60], l'AI salarie des personnes de façon durable sur son territoire.

LES PROFILS LES PLUS EXPOSÉS AU CHÔMAGE DE LONGUE DURÉE SONT CEUX-LA MÊMES QUI SE SÉDENTARISENT

_ Un lien entre les personnes les plus éloignées de l'emploi et la sédentarité

Depuis plusieurs décennies, la France voit s'installer une part de plus en plus importante de chômeurs de longue durée parmi les actifs. Si tout actif peut être confronté à ce phénomène, le Conseil d'orientation pour l'emploi rappelle qu'il est possible d'identifier des « profils types » pour lesquels cette situation est plus importante : les séniors et les publics peu qualifiés sont particulièrement visés[61].

Dans le cadre de l'étude sur les sédentaires (voir chapitre IV), **les personnes salariées dans les AI depuis plus de cinq ans présentent des caractéristiques qui accentuent les profils types évoqués précédemment.**

- Les personnes âgées de plus de 55 ans sont surreprésentées : 55 % des effectifs présents depuis plus de cinq ans dans les AI en 2015 contre 33 % de l'ensemble des effectifs sédentaires la même année ;
- les femmes sont également surreprésentées, avec 76 % des salariés présents depuis plus de cinq ans, contre 72 % sur l'ensemble des sédentaires ;
- enfin, 92 % des personnes visées sont sans qualification (niveau V ou inférieur, contre 86 % de l'ensemble des sédentaires).

---

59. Le développement de coopérations en mode filière : Zest BTP par COORACE ou Zest Hôtellerie par COORACE en sont des exemples.

60. Nombreuses sont les AI à créer des structures de droit commun : des SASU, des ETT-ESS ou encore des associations de services à la personne, notamment sous la marque COORACE Proxim'Services.

61. COE (2011). Le Chômage de longue durée. Rapport du Conseil d'orientation pour l'emploi, p. 27. Voir également COE (2016). L'Accompagnement vers et dans l'emploi, Rapport du Conseil d'orientation pour l'emploi.

Pour ces trois catégories, les activités réalisées en AI, dans leur grande majorité, se font chez les particuliers et, plus spécifiquement, dans le cadre de l'entretien du domicile dans 68 % des cas.

À l'évidence, **si l'on exclut de ce propos la catégorie des jeunes,** également victime du chômage de longue durée, mais pour lesquels des dispositifs d'aide à l'accès à - ou au retour à - l'emploi existent, **les profils des salariés sédentaires de l'AI sont aussi les plus vulnérables du point de vue du chômage de longue durée.**

_ **Identifier les raisons...**

Plus la période de chômage est longue et plus les difficultés s'agrègent. Telle peut être résumée l'équation que Didier Demazière évoque dans son ouvrage :

> *« à partir d'un certain seuil d'ancienneté de chômage, évalué en termes probabilistes et fixé conventionnellement à douze mois, des difficultés particulières et supplémentaires (dégradation des conditions d'existence, troubles des comportements, problèmes psychologiques, réticences des employeurs, etc.) émergent, qui entravent l'accès à l'emploi[62]. »*

Ces conséquences du chômage de longue durée sont également les raisons identifiées par les AI pour expliquer le phénomène de la sédentarité. **Afin d'en rendre compte, une enquête a été réalisée[63]. Il s'agissait de proposer aux AI de dénommer la raison principale de la présence de chaque salarié présent depuis plus de cinq ans.** Pour isoler la question des seniors, une catégorisation par l'âge - plus ou moins de 55 ans - a été établie. La configuration de l'enquête entend donc qu'une même personne puisse figurer en réalité dans plusieurs catégories. Dans un souci de synthèse et de priorisation, seul le facteur jugé « majeur » pour chaque individu a été relevé (Figure 20, Figure 21).

On perçoit ici clairement l'impact des « nouvelles » formes de précarité dans l'installation à long terme au sein des AI. En effet, **la raison majoritairement évoquée est la multiactivité.** La situation d'activité à temps partiel est un motif d'entrée en AI, la notion de salarié précaire étant reconnue éligible à l'IAE dans l'accord-cadre Pôle Emploi, État et réseaux de l'IAE de 2015. Dans ce cas de figure, les heures de travail proposées par l'AI viennent consolider et stabiliser la situation, notamment financière, de la personne. Un abandon de l'activité apportée par l'AI au motif d'une durée de parcours qui serait imposée risquerait de détériorer sa situation[64].

Le graphique relatif aux personnes de plus de 55 ans apporte un éclairage complémentaire. Si la question de la multiactivité reste importante, **la volonté de conserver une activité professionnelle jusqu'à l'acquisition des droits à la retraite** représente près d'un tiers des réponses.

En filigrane, les conséquences du chômage de longue durée sont prégnantes. L'absence de projet professionnel en est la traduction, au même titre que les problématiques de santé ou de mobilité.

Enfin, le défaut d'emplois disponibles sur le territoire impliquant, pour les personnes sans emploi, une nécessaire mobilité géographique, qui permettrait de retrouver plus efficacement une activité, est visible.

---

62. DEMAZIERE D. (2003). Le Chômage. Comment peut-on être chômeur ? Paris, Bolin.

63. BOUVET L. (2017). Étude sur la situation des sédentaires en AI (Manche et Calvados), Rapport COORACE Basse-Normandie.

64. Sur la définition de la durée de parcours, voir supra p. 59 et suivantes.

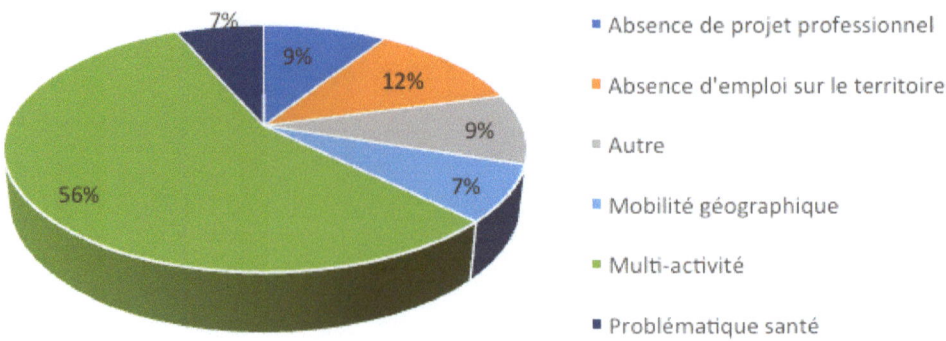

Figure 20. Raisons principales de la présence en AI des salariés de moins de 55 ans présents depuis plus de cinq ans

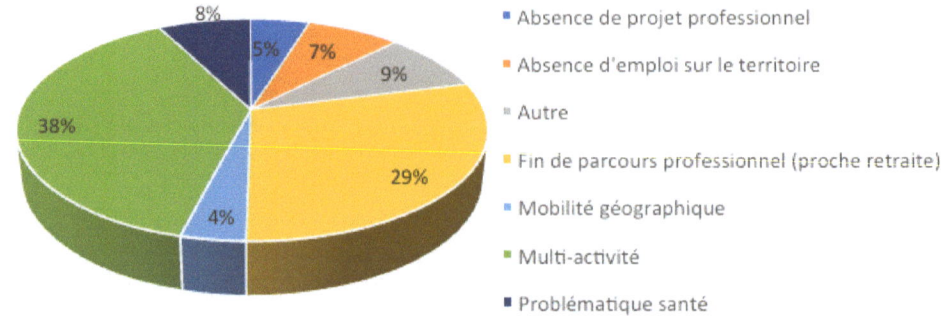

Figure 21. Raison principale de la présence en AI des salariés de plus de 55 ans présents depuis plus de cinq ans

… pour agir avec et pour elles
C'est pour accompagner les personnes confrontées à ces difficultés que l'AI met en œuvre un parcours adapté au profil de ses publics, tant en contenu qu'en durée. Il s'agit de résoudre les difficultés socioéconomiques rencontrées par les personnes, mais aussi de dépasser les problématiques structurelles identifiées sur les territoires.

Sur ce point, deux éléments méritent d'être soulignés. D'une part, les seniors, dont la probabilité de retour à l'emploi pérenne est plus faible, sont accompagnés dans une recherche de garantie d'accès aux droits jusqu'à leur départ en retraite. D'autre part, l'absence de postes disponibles sur le marché du travail, en cohérence avec les profils professionnels des sédentaires, impose à l'AI le traitement d'une contradiction majeure : d'une vocation d'employeur temporaire à finalité d'insertion socioprofessionnelle, elle se transforme en employeur durable. Ainsi aménage-t-elle un parcours visant à contrer les difficultés rencontrées par les publics les plus vulnérables. Elle favorise donc leur autonomisation dans la recherche d'emploi ou leur permet, simplement, de vivre de leur activité salariée. Quelle que soit sa forme, à l'instar de l'expérimentation Territoires zéro chômeur de longue durée, c'est le droit à l'emploi, le droit à vivre de son travail qui, ici, fait sens.

> Quelle que soit sa forme, c'est le droit à l'emploi, le droit à vivre de son travail qui, ici, fait sens.

L'AI se positionne dès lors comme structure pivot. Elle contribue à stabiliser des stratégies individuelles organisées autour de la multiactivité. Elle accompagne la fin de parcours professionnel. À cet égard, il est intéressant de noter qu'elles déclarent proposer une offre d'accompagnement pour un salarié **sédentaire** sur deux[65].

---

65. BOUVET L. (2017). Étude sur la situation des sédentaires en AI (Manche et Calvados), op.cit.

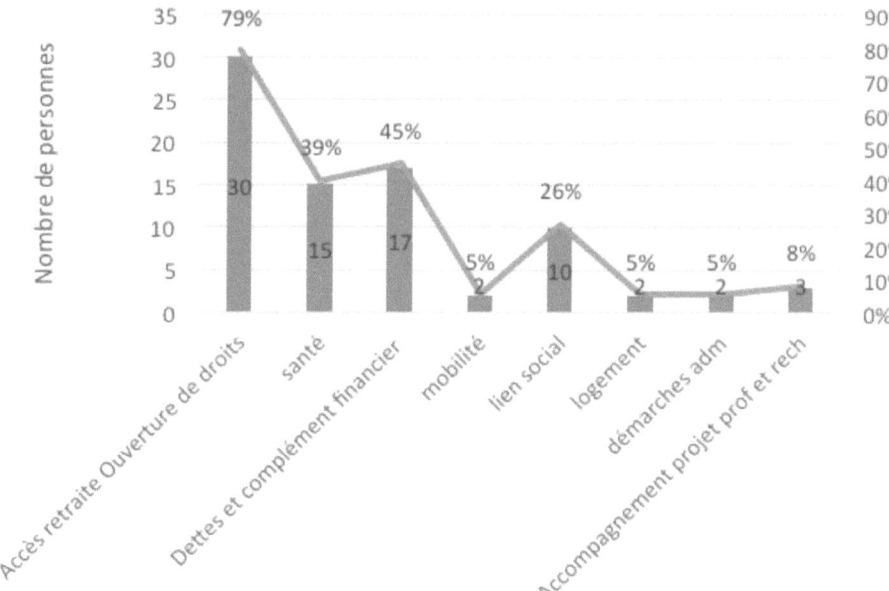

Figure 22. Principales problématiques rencontrées par les salariés présents depuis plus de cinq ans.

Source : Données de l'AI Intermed, année 2017 (25)

L'association Intermed, à Besançon, tient des statistiques précises sur ces accompagnements dits « Templus » (voir Introduction). Trente-huit personnes sont concernées en 2017 (10 % du total des salariés), 47 % d'entre elles ont entre 50 et 60 ans, 47 % ont plus de 60 ans.

Plus d'une personne sur deux (55 %) est rencontrée plus de trois fois par an ; les autres entre une et trois fois par an. Au-delà de toute logique de sortie à l'emploi « ordinaire », l'AI entre ici dans une posture d'employeur classique, tenu par une ambition de sécurisation et d'accompagnement du parcours professionnel et personnel de ses salariés.

Les différentes thématiques travaillées avec ces personnes sont diversifiées (Figure 22). La question de l'ouverture des droits à la retraite fait l'objet d'un accompagnement dans 8 cas sur 10. Les questions de santé et de compléments de revenus concernent quatre personnes sur 10. Le maintien du lien social fait quant à lui l'objet d'un accompagnement sur quatre.

_ Études de cas

Les grandes catégories de raisons expliquant la sédentarité sont des simplifications utiles pour observer le phénomène. C'est à travers les trajectoires biographiques des salariés en parcours que la complexité du phénomène peut être circonscrite cependant. Pour en rendre compte, prenons deux exemples contrastés et signifiants (Document 8).

> C'est à travers les trajectoires biographiques des salariés en parcours que la complexité du phénomène peut être circonscrite.

Document 8. Deux exemples de trajectoires biographiques de sédentaires

> Mme N., 57 ans, s'est occupée de l'éducation de ses trois enfants et a commencé sa carrière professionnelle à 35 ans. Après dix années en emploi dans le champ de l'aide à domicile, cinq années de gérance d'une brasserie, puis des missions d'intérim en nettoyage pendant 2 ans, elle s'est inscrite à l'Association Intermédiaire en 2010, à l'âge de 52 ans. Depuis 2014-2015, elle y travaille régulièrement : environ 65 heures mensuelles réalisées chez des particuliers réguliers. Elle a gardé quelques employeurs en CESU pour équilibrer son revenu. L'AI constitue donc son employeur principal. Mme N. souhaiterait consolider son poste dans l'AI jusqu'à sa retraite, qu'elle espère pouvoir prendre à 62 ans.
>
> Mme D. est âgée de 59 ans. Elle travaille pour l'AI depuis juillet 2006 et réalise des missions à hauteur de 934 h en 2015. Aide-ménagère à domicile via CESU avant son entrée en parcours, l'AI lui a permis de compléter et d'organiser son temps de travail en cohérence avec les problématiques qu'elle rencontre : veuve avec une petite-fille à charge. Depuis, les heures effectuées au sein de l'AI sont plus importantes que les heures en CESU. Compte tenu de son âge, des problématiques sociales auxquelles elle est confrontée, de son manque de mobilité et de son niveau de qualification, Mme D. n'envisage pas un autre employeur que l'AI.

Ces deux exemples positionnent l'AI comme un véritable employeur durable au service de la sécurisation d'une trajectoire individuelle. Employeur principal de ces personnes en situation de multiemploi, elle permet d'éviter le retour à une situation de grande précarité.

EMPLOYEUR TEMPORAIRE, MAIS EMPLOYEUR SOLIDAIRE

Si les chapitres précédents ont démontré que des durées de présence longue, supérieures à cinq ans, admettent des sorties nombreuses et qualitatives, les situations et profils décrits ci-dessus ne sont pas sans interroger. L'AI, en sa qualité d'employeur solidaire sur le territoire, fait face à diverses formes de précarité. Au regard des trajectoires individuelles des personnes et du contexte économique du bassin d'emploi dans lequel elles s'inscrivent, une situation paradoxale apparaît. **Les impératifs de stabilisation et de sécurisation contraignent l'AI à penser une action au-delà de sa vocation d'employeur temporaire.**

_ Aux origines des contradictions

Dans une logique de parcours, telle qu'entendue par le conventionnement IAE dans son acception actuelle, plusieurs questions méritent d'être posées.

Du point de vue d'une personne salariée depuis plus de cinq ans en AI, est-on toujours dans une logique de sortie vers « l'emploi ordinaire » ? Si le CDDU se révèle être un outil adapté à plusieurs typologies de parcours, qu'en est-il après plusieurs années de salariat au sein de l'AI ? **Ce questionnement est particulièrement prégnant pour les personnes dont les volumes horaires travaillés sont particulièrement conséquents[66].**

Quelle position en découle pour le salarié d'un point de vue social et professionnel ? Pour le formuler autrement, le statut offert par le CDDU permet-il de vivre et travailler « normalement » ? La réflexion croise immanquablement de nombreuses contradictions ayant trait à des considérations de capacités financières, de relations sociales hors travail, de droits divers tels que les congés payés, de droits associés à la santé, etc.

Du point de vue de l'association, en salariant des personnes depuis plus de cinq ans, parfois dans des volumes significatifs, comment penser le projet social eu égard à la fonction de sas vers l'emploi déjà évoquée ? En effet, dans les situations décrites, une sortie de l'AI ne serait ni plus ni moins - et pour la plupart des personnes concernées - qu'un « renvoi » à la grande précarité.

_ Revisiter la situation des sédentaires s'ils ne pouvaient plus être accompagnés en AI

Une telle décision poserait donc une question de fond qui interpelle immédiatement l'identité des AI. La décision de sortir les personnes sans solution irait nécessairement à l'encontre de ce qui fait sens au sein de toutes les Associations intermédiaires : la lutte contre les exclusions.

Dans le rapport de fin de mission DLA[67], les AI de Vendée décrivent les conséquences potentielles qu'entraînerait ce type de décision pour les personnes. Cinq d'entre elles ont ainsi été identifiées :

---

66. De ce point de vue l'application de l'exonération Fillon sur les bas salaires au-delà des 750 heures permettrait une véritable sécurisation de la situation des personnes ciblées.

67. Rapport de mission accompagnement collectif de cinq AI de Vendée sur la situation des salariés présents depuis plus de deux ans en AI, décembre 2015, cabinet HLBC.

- la perte de la reconnaissance sociale : la personne ne serait alors plus intégrée à une entreprise ;
- la perte financière par l'arrêt de l'activité : la personne serait confrontée à une situation de pauvreté plus grande ;
- le retour au statut de demandeur d'emploi : la personne se retrouverait confrontée à un contexte risqué pour elle et pour la société car générateur de difficultés aggravées et supplémentaires, telles que nous l'avons vu précédemment ;
- la précarisation des emplois si une embauche directe se fait par le client particulier ;
- le risque de travail dissimulé : la personne serait alors exclue des mécanismes de protection sociale.

Les analyses développées ci-dessus s'appuient sur des données partielles, issues essentiellement de travaux effectués sur trois départements où la question a été abordée de concert entre les associations et les services de l'État. Une analyse élargie à d'autres territoires relativiserait peut-être les conclusions, ne serait-ce qu'au regard d'injonctions reçues par les AI de « sortir » les salariés concernés du calcul de l'aide au poste, voire d'arrêter de les salarier. **Il serait en effet intéressant de connaître le devenir des personnes qui ont été « sorties » sur injonction extérieure.** On peut raisonnablement penser que, dans ce cas, la situation des personnes s'est trouvée fragilisée par le retour à un statut de demandeur d'emploi ou une situation d'isolement face à une multitude d'employeurs particuliers. De manière générale, cela pose la question du suivi du salarié après sa sortie.

_ **Penser de nouveaux outils : assumer la mission d'employeur durable**
La posture de dialogue ouvert et transparent initiée dans la Manche et le Calvados a au contraire permis d'appréhender collectivement la question, d'apprécier la durée de parcours en AI sur une base de cinq ans, ainsi que de chercher des solutions de sécurisation des situations et d'amélioration du statut des personnes présentes depuis plus de cinq ans.

Ces coopérations ont, par exemple, permis d'expérimenter une mesure « CUI Seniors » visant à assurer un « véritable statut » de salarié jusqu'à l'obtention de la retraite à taux plein pour les personnes situées à cinq ans maximum de celle-ci. Les aides issues des CAE abondaient alors un fonds de formation interne ciblé prioritairement sur les personnes des tranches d'âge précédentes en voie de sédentarisation. Véritable mise en action du triptyque accompagnement-emploi-formation, cette expérimentation a permis de générer des résultats intéressants en sécurisant des fins de parcours professionnels. Paradoxe : sa généralisation est à ce jour mise en sommeil au regard des modifications relatives aux contrats aidés (août 2017) et à l'introduction des PEC (mars 2018).

En Vendée, concluant de façon similaire sur la fragilité à l'emploi des salariés ciblés, les AI ont proposé plusieurs options. Parmi celles-ci, la possibilité d'expérimenter des CDI portés par l'association conventionnée AI. À ce jour, les AI n'ont pas eu l'autorisation d'expérimentation.

La possibilité de recourir à un CDI « insertion » avait été un temps proposée par COORACE. Le CDI assure une stabilité professionnelle et sociale qui n'exclut nullement les mutations professionnelles.

Après cinq ans de présence, les sorties de l'AI existent et s'inscrivent dans quatre cas sur 10 dans le cadre de CDI. Cette logique a été interrogée dans le rapport de l'IGAS sur les innovations qui relevait, avec réalisme, les difficultés économiques d'un tel portage.

> *« Se pose la question d'un éventuel soutien financier des SIAE. En effet, les personnes en CDI ont souvent besoin d'un accompagnement comparable à celui des salariés en insertion et ne sont pas toujours plus productives qu'elles. L'absence de subvention publique liée à ces contrats peut potentiellement entraîner des difficultés économiques pour les structures.[68] »*

Reste que le CDI n'est pas toujours souhaité par les salariés accompagnés pour diverses raisons. L'AI doit pouvoir s'adapter aux besoins de la personne en lui assurant sécurité professionnelle et sociale, quel que soit l'outil contractuel mobilisé (CDD, CDI, etc.).

---

68. Innovations et expérimentations dans l'IAE, IGAS 2015, p. 101.

_ CONCLUSION

L'Association intermédiaire a vocation à jouer pleinement son rôle d'employeur solidaire du territoire pour répondre à des situations pour lesquelles l'accès à l'emploi ordinaire paraît difficile (seniors, personnes en emploi durable très partiel, etc.).

Il semble aujourd'hui indispensable de consacrer l'AI dans ce rôle d'employeur solidaire et durable. Cela est d'autant plus souhaitable que, rappelons-le, une durée de présence de plus de cinq ans n'induit pas que les personnes ne puissent saisir une opportunité.

La première question qui se pose aujourd'hui relève donc de l'amélioration de l'accès aux droits des personnes qui seraient salariées durablement au sein des AI.

La reconnaissance d'un rôle d'employeur durable au service des publics fortement discriminés à l'emploi ordinaire ne saurait par ailleurs s'exonérer de la mise en place d'un soutien financier à cette mission.

CONDITIONS DE RÉUSSITE

Reconnaître la fonction d'employeur durable alternatif : des éléments objectifs, un contexte local, justifient que l'AI puisse employer durablement certains publics avec des financements dédiés

Garantir aux AI la possibilité de pouvoir agir en tant qu'employeur durable selon les besoins (sécurisation juridique) tout en limitant le nombre de telles situations au sein des effectifs salariés.

Dans ces situations, l'objectif n'est plus systématiquement la sortie vers un emploi externe, mais plutôt :

- Le maintien d'un statut salarié

- L'acquisition de droits (SS, retraite, etc.)

- Le maintien de lien social et l'équilibre de la vie personnelle et familiale

- L'évitement de l'entrée en RSA et/ou la paupérisation

CONCLUSION

> **N**OUS EN SOMMES CONVAINCUS : l'AI est aujourd'hui l'une des structures d'insertion les mieux adaptées aux situations individuelles des personnes et, par voie de conséquence, aux territoires. L'AI portée par COORACE répond à un certain nombre d'enjeux, dont celui ayant trait à une logique d'approche individualisée des situations et des besoins des personnes tout en restant centrée sur celles qui rencontrent « des difficultés sociales et professionnelles en raison de leur âge, de leur comportement, de leur état de santé, de la précarité de leur situation matérielle[69] ».

Le contexte dans lequel sont nées les AI (1985-1987) est bien différent de celui que connaît la France en 2018. En effet, les difficultés sociales et professionnelles ont évolué ; et les exclus de l'emploi ne constituent pas une population homogène. Leur seule caractéristique commune est d'être privés d'emploi et en situation de fragilité. Seront-ils les laissés-pour-compte de la reprise économique ?

Dans ses écrits, le sociologue Robert Castel explique que :

> « Dans un nombre croissant de cas, la précarité n'est plus une période transitoire plus ou moins difficile à vivre en attendant de déboucher sur "l'emploi durable". La précarité peut devenir, paradoxalement, un état permanent. On peut faire l'hypothèse du développement d'un "précariat" qui se constitue comme une strate permanente de la division du travail, une sorte d'infrasalariat au-dessous du salariat représenté par le statut classique de l'emploi.[70] »

Nous reconnaissons bien dans cette définition les personnes accueillies et accompagnées au sein des Associations intermédiaires, et nous portons tous un même engagement pour que cette situation change, le contexte nous oblige !

---

69. Circulaire DGEFP/DGAS n° 2003-24 du 3 octobre 2003 relative à l'aménagement de la procédure d'agrément par l'Anpe et au suivi des personnes embauchées dans une structure d'insertion par l'activité économique.

70. CASTEL R. (2009). La Montée des incertitudes. Travail, protections, statut de l'individu. Paris, Le Seuil.

_ Autoriser l'agilité

Nous l'avons démontré : l'accueil et la diversité des modes de contractualisation favorisent la capacité d'adaptation de l'Association intermédiaire aux situations des personnes et des territoires.

Pour favoriser son « agilité », il convient de renforcer la reconnaissance officielle de la durée du « juste parcours » ainsi que l'arsenal contractuel lui permettant de développer des stratégies individuelles efficientes. Il convient également de continuer de permettre une entrée en parcours « libre ». Jacques Dughera rappelle :

> « Lorsqu'il a été créé, l'agrément devait permettre, dans l'esprit du législateur et des acteurs de l'IAE, de sortir d'une approche administrative des publics, de faire intervenir l'Anpe en début mais aussi tout au long des parcours, de contrôler le bien-fondé des financements des structures de l'IAE. Or la pratique de l'agrément ne répond plus à ces objectifs. Elle s'est avérée trop souvent dévoyée entre deux limites : d'un côté, le coup de tampon administratif sans réel contrôle ; de l'autre, la décision en opportunité, sans tenir compte des prérogatives du chef d'entreprise (notamment celle de pouvoir recruter les salariés de son choix) et sans même pouvoir apporter une quelconque aide aux parcours[71]. »

Les SIAE en général et les AI en particulier n'ont pas attendu la définition d'un cadre légal et réglementaire pour cibler leurs actions en faveur des personnes les plus éloignées de l'emploi puisque celles-ci sont au cœur des projets associatifs. Par conséquent, les AI sont, en quelque sorte, les plus proches de l'esprit de la circulaire sur l'agrément qui vise une logique ciblée sur la personne. Les raisons majoritairement invoquées pour la réorientation des publics en phase d'accueil le prouvent. Le meilleur garant du recrutement des personnes les plus fragiles n'est ni le règlement, ni le contrôle, mais bien le projet, l'ambition d'accès à l'emploi pour tous.

C'est pourquoi nous plaidons pour que les projets portés et présentés dans ce rapport fassent l'objet d'un dialogue constructif avec les pouvoirs publics.

_ Encourager et sécuriser les AI dans leur fonction employeur

Le développement de nouvelles pratiques adaptées aux besoins repérés met souvent l'Association intermédiaire dans des situations complexes. De ce point de vue, elle est contrainte d'arbitrer entre l'innovation et le renoncement.

Tout au long de nos rencontres avec les acteurs de terrain, nous avons constaté que les prises de position et les arbitrages des Direccte peuvent s'avérer différents d'un département à l'autre sur les sujets évoqués dans ce rapport (durée des parcours, possibilité d'utiliser différents contrats, etc.). Cela crée des zones de flou qui ne sont guère propices à l'essaimage d'actions pourtant pertinentes.

_ Une fonction accueil qui demande à être reconnue et soutenue financièrement

L'AI intervient dans une diversité de territoires et auprès de clients économiques et de publics très variés. Son environnement juridique et multipartenarial lui permet d'asseoir un rôle de service de proximité tenant compte de l'humain, dans toute sa complexité. Au cœur des enjeux d'inclusion et d'insertion, cette souplesse lui permet d'assurer une inconditionnalité d'accueil. Cette démarche permet à l'AI d'assurer deux services majeurs aux publics : le premier consiste au recrutement de personnes éloignées de l'emploi, le second repose sur un service de réorientation, de partage d'informations, mais aussi d'écoute. Cette dernière fonction nécessite l'insertion dans un réseau d'acteurs sociaux important, mais ne bénéficie d'aucun financement : en d'autres termes, les AI l'assument sur leurs fonds propres afin de se conformer à leur projet associatif.

Ainsi, si les AI comptent à elles seules plus de 43 % des personnes en parcours d'insertion du secteur de l'IAE, la mission accueil réalisée par les AI permet de réévaluer le nombre des bénéficiaires de leurs services. En effet, sans tenir compte des personnes n'ayant qu'un premier contact avec l'AI dans une démarche dite de « préaccueil », ce sont 50 000 personnes qui sont accueillies par an pour plus de 32 000 entrées en parcours (estimation pour les AI adhérentes à COORACE en 2016).

---

71. DUGHERA J. (2010). « Les publics de l'IAE », op. cit.

_ Des travaux à engager pour encourager les bonnes pratiques et accompagner les structures

Les AI peuvent s'enorgueillir d'une indéniable performance d'insertion. Elles assument pleinement leur rôle de sas vers l'emploi ordinaire, avec près de 87,35 % de sorties dites « dynamiques ». Pourtant, des améliorations certaines pourraient être apportées pour faciliter leurs missions et consolider leur modèle économique.

En effet, si le CDDU facilite la mise en place de parcours de qualité adaptés aux besoins et suffisamment sécurisants, le CDDI, qui pourrait présenter un réel intérêt, n'est pas adapté au fonctionnement de l'AI dans sa forme actuelle.

Les limitations d'heures de travail par salarié en parcours et par an rendent difficile la construction de parcours longs. Cela est d'autant plus vrai que les avantages comparatifs de l'AI sont relativement peu favorables en deçà du seuil imposé par la règle dite « des 750 heures », et très défavorables au-delà (pas d'application de l'exonération dite Fillon).

Nous l'avons vu : l'AI développe des parcours dont la durée est adaptée à la personne. En ce sens, la durée du « juste parcours » ne saurait se réduire à une durée de 24 mois quand les besoins des personnes impliquent des durées parfois plus courtes, parfois plus longues.

L'organisation de nouvelles modalités (notamment pour la mise en œuvre de contrats sécurisants pour les salariés en parcours) nécessite la mobilisation de moyens importants et l'accompagnement financier au travers de l'aide au poste dans ces situations est insuffisant.

Enfin, là où l'emploi ordinaire paraît difficile d'accès, l'AI a vocation à jouer un rôle d'employeur solidaire du territoire. Cette nouvelle fonction, développée à l'aune des contraintes posées par le territoire, n'est pas antinomique de la notion de sas vers l'emploi. Elle est un moyen de sécurisation du parcours social et professionnel des personnes dans le temps. Elle diminue les risques de précarisation et de paupérisation.

_ Des pistes pour enrichir la mesure de la performance

Si les données quantitatives de l'Observatoire COORACE et les enquêtes permettent de rendre compte de la structuration des AI, des plus-values qu'elles développent au bénéfice des personnes et des territoires, elles ne sont pas suffisantes pour aborder stricto sensu la complexité et l'hétérogénéité des trajectoires individuelles des personnes.

La question des indicateurs pour rendre compte de la diversité des situations humaines et territoriales est donc essentielle. Les démarches d'évaluation et d'amélioration[72] apportent, à l'échelle des structures, de nombreux enseignements. L'Évaluation de l'utilité sociale territoriale (EUST) portée notamment par COORACE constitue, de ce point de vue, un enjeu pour les structures de l'ESS et, tout particulièrement, pour les AI. C'est l'une des entrées vers la définition d'indicateurs adaptés dans des contextes spécifiques pour rendre compte du rôle et des fonctions des AI. L'EUST constitue donc un des prolongements possibles du questionnement porté par ce rapport.

_ Coopérer avec les entreprises pour répondre aux besoins de main-d'œuvre

L'AI est l'un des outils d'insertion dont le potentiel d'action sur les publics les plus éloignés de l'emploi et risquant d'être exclus de la reprise économique[73], est plus que jamais indispensable. Si le statut n'égale pas la vertu, l'Association intermédiaire offre des garanties indéniables pour les personnes et pour l'emploi dans les territoires. Sa plasticité lui permet de mener à bien de véritables stratégies pour

---

72. COORACE AMBITION PROGRÈS (CAP), outil d'autodiagnostic et d'amélioration continue ; Cèdre ISO 9001, démarche qualité et certification ; Évaluation de l'utilité sociale territoriale (EUST).

73. Jean-Marc Borello rappelle ce risque dans le rapport rendu à la ministre du Travail en janvier 2018. BORELLO J.-M. (2018). Donnons-nous les moyens de l'inclusion, op. cit

l'emploi. Cette démarche, notamment portée par le dispositif Vita Air[74], est une réponse formelle au risque d'exclusion des personnes dans une logique de coopération entre acteurs économiques et AI. Qui mieux que l'AI, une structure émanant du territoire, constituée par et pour le territoire, pour mener à bien une approche de Gestion prévisionnelle des emplois et compétences territoriale (GPECT) ?

_ Expérimenter pour porter de nouvelles activités et créer des emplois

Si l'AI occupe une place particulière au sein de l'IAE, elle participe aussi pleinement au développement de l'ESS. Depuis toujours en effet, l'AI est facilitatrice du développement d'innovations en permettant d'expérimenter de nouvelles activités et de nouveaux métiers.

Nombreuses sont les expérimentations à être testées en AI avant de donner lieu à différents nouveaux projets dans les territoires. Pour exemples : Soleni à Grenoble, portant sur le diagnostic énergétique et la lutte contre la précarité énergétique, le dispositif « parcours gardiens », à Rouen et à Villeurbanne, l'expérimentation menée par Intermed et Tri à Besançon pour la « préparation d'un bien à la vente ou la location », et bien d'autres encore.

Lorsqu'elle est intégrée dans un écosystème de coopération GES ou Pôle territorial de coopération économique (PTCE), l'AI permet de donner du souffle à la création de nouvelles structures ad hoc. Sa plasticité permet d'accompagner les projets dans l'atteinte d'un seuil de rentabilité et d'aboutir à de nouvelles créations. Cependant, à ce jour, les entrepreneurs porteurs de ces dynamiques rencontrent de réelles difficultés pour sécuriser au plan fiscal et social les relations entre les structures au sein du GES. Il serait nécessaire et urgent d'engager un travail spécifique avec les services de l'État sur ces questions afin de favoriser le développement des coopérations dans les territoires.

Parce que l'AI repose sur un socle de bénévoles engagés pour le territoire, parce qu'elle joue régulièrement le rôle de partenaire financier dans les projets de création de structures répondant à son projet associatif, elle est l'une des SIAE les plus proactives. En outre, parce qu'elle n'est pas spécifique – pas de spécialisation sur un secteur d'activité –, elle développe une connaissance transversale des enjeux et besoins économiques et sociaux de son territoire. Cette connaissance fait de l'AI une véritable « provocatrice d'innovation et de talents ».

Françoise Leroy

---

74. Vita Air a été intégré à l'Accélérateur d'innovation sociale (AIS), animé par l'Agence nouvelle des solidarités actives. Le but de cette méthode est de développer une offre de services en ressources humaines à destination d'entreprises du secteur marchand dans les territoires. Elle apporte une solution de valorisation des compétences des demandeurs d'emploi et de GPECT.

ANNEXES

ANNEXE 1 : INVENTAIRE DES CONTRATS MOBILISABLES EN AI

	CDI	CDD	CDD Senior	CDDU	CDDI	Contrats aidés
Motif	Contrat de droit commun	Contrat conclu pour : - remplacement d'un salarié - accroissement temporaire de l'activité de l'entreprise - emplois à caractère saisonnier	Contrat ouvert aux personnes en fin de carrière : personnes âgées de plus de 57 ans ou inscrites depuis plus de 3 mois à Pôle emploi ou bénéficiant d'un contrat de sécurisation professionnelle (CSP) après un licenciement économique.	Contrat qui permet à un employeur d'un secteur d'activité strictement défini d'augmenter rapidement en employant un salarié supplémentaire	Contrat ouvert aux personnes au chômage et rencontrant des difficultés sociales et professionnelles particulières	Contrats spécifiques conclus pour l'embauche et l'accompagnement de personnes très éloignées du marché du travail
Fondement textuel	art. L1221-2 du code du travail	art. L1242-2	art. D1242-2 art. D1242-7	CDDU amélioré : idem - secteur d'activité où il est d'usage de ne pas recourir au CDI art. D1242-1 12° c. trav.	art. L5132-11-1 art. L1242-3 c. trav.	CUI-CAE Art. L.5134-20 du code du travail contrat emploi d'avenir : Art. L.5134-110 du code du travail contrat de professionnalisation : Art. L.6325-1 du code du travail
Caractère de l'activité ou de la tâche	Permanente	Précise et temporaire	Permanente possible	Précise et temporaire	Permanente possible	Permanente possible
Indemnité de précarité	Non	Oui	Autre type	Non	Non	non
Renouvellements	-	Renouvellement possible : 2 fois	Durée de 18 mois au maximum Renouvelable une fois dans la limite de 36 mois (durée du contrat initial comprise).	La succession de CDDU est possible tant que la nature temporaire de l'activité est justifiée	La succession de CDDI est possible tant que la nature temporaire de l'activité est justifiée	
Formalisme	Aucun	Respect du formalisme propre aux CDD	Idem que pour les CDD	Respect du formalisme propre aux CDD Les irrégularités formelles n'entraînent la requalification que si l'AI ne justifie pas de sa mission d'accompagnement → solution jurisprudentielle constante	Possible	
Temps de travail	Durée indéterminée		Idem que pour les CDD	Pas de minimum	Durée et volume minimum recommandés	
Durée du contrat	-	Durée maximale d'un contrat : 18 mois. Durée maximale : 24 mois.	Durée maximale 18 mois. Peut aller jusqu'à 36 mois en cas de renouvellement.	Pas de durée minimum ni maximum	Durée minimum de travail de 20 heures par semaine 4 mois minimum 24 mois maximum ou plus s'il y a une action de formation prévue, pour les salariés âgés de plus de 50 ans et salariés handicapés.	Variable selon le contrat
Seuil des effectifs			Oui sauf en cas de remplacement			Non

ANNEXE 2 : FICHE CDDUA : CONTRAT DE TRAVAIL COMMENTE (24 AOUT 2015)

_ Les objectifs du contrat
Le contrat à durée déterminée d'usage « amélioré » (CDD d'usage amélioré) a plusieurs objectifs :

1. **renforcer le lien entre le contrat de travail et le projet associatif** de l'AI en recentrant la conclusion du contrat sur le besoin du salarié ou de la salariée ;
2. **répondre aux attentes exprimées par les salariés ou salariées** en parcours d'augmenter leur niveau de rémunération et d'en garantir la stabilité ;
3. **favoriser l'intégration future dans un emploi ordinaire,** notamment dans le secteur des services à la personne, par l'introduction de droits et obligations « ordinaires » ;
4. **réduire les risques de requalification CDI des contrats de travail conclus** alors que les besoins des clients sont réguliers.

_ Le cadre général
Le cadre juridique de la relation AI/salarié ou salariée en parcours est l'usage constant (12° de l'article D. 1242-1 du Code du travail). L'objet du contrat est centré **sur le besoin du salarié ou de la salariée,** et non plus sur celui du client. Ce sera donc le besoin précis et temporaire du salarié ou de la salariée qui justifiera le recours au CDD.

Par ailleurs, **un seul contrat de travail** est conclu entre l'AI et le salarié ou la salariée. L'AI fixe un volume d'heures de mise à disposition garanti sur le mois, le trimestre ou la durée du contrat.

Pour chaque mise à disposition, l'AI conclut un contrat de mise à disposition avec son client et remet au salarié ou à la salariée **un ordre de mission**[75] comportant les éléments concrets de la mission (poste, lieu de travail, etc.).

Enfin, ce CDD d'usage « amélioré » ressemble, sur le plan formel, à un contrat de travail de droit commun. Ce contrat est visuellement différent du contrat habituel afin de marquer un changement symbolique.

_ L'évaluation du CDD d'usage amélioré
Pour être en capacité d'évaluer l'impact de ce CDD d'usage amélioré sur la rapidité de sortie de l'AI, nous vous proposons, pour chaque CDD d'usage amélioré conclu, d'identifier un salarié en situation comparable à qui il serait proposé le CDD d'usage habituel. Par situation comparable, on entend : même sexe, âge et type de difficultés proches et secteur d'activité identique ou proche et, pour les AI engagées dans Cèdre, même engagement. Il s'agira de comparer leur situation au terme des parcours et notamment la durée de ceux-ci, le volume d'heures mobilisé, l'appréciation du salarié ou de la salariée et les actions d'insertion associées.

---

75. Nous tenons à votre disposition un modèle d'ordre de mission selon le type de client (particulier/non particulier).

ANNEXE 3 : ÉTUDE COMPARATIVE DES COUTS DU TRAVAIL PAR SIAE

Extraits de Jean-Christian TETE (2017), Étude des coûts des salariés en insertion par SIAE, rapport d'expertise commandé par COORACE

_ SIAE de moins de 10 salariés (hors prévoyance)

TABLEAU DE SYNTHÈSE				
	Rang	Coût	Rang	Coût
ACI	2	12,42	1	1,66
AI	3	13,23	5	12,41
AI + 750 heures	6	14,73	6	13,90
EI	1	12,10	2	5,32
ETTI	4	14,36	4	11,65
CUI CAE	5	14,60	3	7,28

_ SIAE de plus de 10 salariés et pas de prévoyance

TABLEAU DE SYNTHÈSE				
	Rang	Coût	Rang	Coût
ACI	2	12,47	1	1,70
AI	3	13,23	5	12,41
AI + 750 heures	6	14,73	6	13,90
EI	1	12,14	2	5,36
ETTI	4	14,41	4	11,70
CUI CAE	5	14,64	3	7,32

_ SIAE de plus de 10 salariés et prévoyance

TABLEAU DE SYNTHÈSE				
	Rang	Coût	Rang	Coût
ACI	2	12,55	1	1,79
AI	3	13,31	5	12,49
AI + 750 heures	6	14,80	6	13,98
EI	1	12,23	2	5,44
ETTI	4	14,50	4	11,79
CUI CAE	5	14,72	3	7,40

_ SIAE de plus de 10 salariés, prévoyance et CITS

TABLEAU DE SYNTHÈSE				
	Rang	Coût	Rang	Coût
ACI	1	12,12	1	1,36
AI	3	13,88	5	12,06
AI + 750 heures	6	14,37	6	13,55
EI	2	12,23	2	5,44
ETTI	4	14,50	4	11,79
CUI CAE	5	14,29	3	6,97

RÉFÉRENCES

« Accord-cadre entre l'État et Pôle Emploi et les réseaux de l'IAE » (2015).
Annexe 2, L'agrément IAE délivré par Pôle Emploi.

« Décret n° 2014-197 du 21 février 2014 portant généralisation de l'aide au poste d'insertion et diverses mesures relatives à l'insertion par l'activité économique ».
Journal officiel n° 46 du 23 février 2014, 3227.

« Décret n° 99-109 du 18 février 1999 relatif aux associations intermédiaires ».
Journal officiel n° 42 du 19 février 1999, 2610.

« Instruction DGEFP n° 2005-37 du 11 octobre 2005 relative aux associations intermédiaires et aux modalités de gestion de l'aide à l'accompagnement ». NOR : SOCF0510372J.

« Instruction DGEFP/SDPAE/MIP/2016/62 du 2 mars 2016 portant notification des enveloppes financières régionales 2016 relatives à l'insertion par l'activité économique ». NOR : ETSD1606404J.

« Loi n° 87-39 du 27 janvier 1987 portant diverses mesures d'ordre social ».
Journal officiel du 28 janvier 1987 (Journal officiel du 28 janvier 1987), 991.

« Loi n° 2005-841 du 26 juillet 2005 relative au développement des services à la personne et portant diverses mesures en faveur de la cohésion sociale ». Journal officiel n° 173 du 27 juillet 2005, 12152.

« Loi n° 2008-1249 du 1er décembre 2008 généralisant le revenu de solidarité active et réformant les politiques d'insertion ». Journal officiel n° 281 du 3 décembre 2008, 18424.

« Loi n° 98-657 du 29 juillet 1998 d'orientation relative à la lutte contre les exclusions »
Journal officiel n° 175 du 31 juillet 1998, 11679.

« Ordonnance n° 2007-329 du 12 mars 2007 relative au Code du travail »
Journal officiel n° 61 du 13 mars 2007, 4740.

ALTERNATIVES ÉCONOMIQUES (2010). « L'insertion par l'activité économique »,
Alternatives économiques, coll. « Hors-Série poche », n° 44.

BATTILANA Julie et DORADO Silvia (2010). « Building sustainable hybrid organizations:
The case of commercial microfinance organizations », *Academy of Management Journal,* 53/6.

BATTILANA Julie, LEE Matthew, WALKER John et DORSEY Cheryl, (2012). « In search of the hybrid ideal »,
Stanford Social Innovation Review, 10/3.

BORELLO Jean-Marc (2018). *Donnons-nous les moyens de l'inclusion,*
Rapport à la ministre du Travail – 16 janvier 2018.

BOUVET Laurent (2017). *Étude sur la situation des sédentaires en AI (Manche et Calvados).*
Rapport COORACE Basse-Normandie.

CASTEL Robert (1995). *Les métamorphoses de la question sociale : une chronique du salariat.* Paris, Fayard.

CASTEL Robert (2003). *L'Insécurité sociale. Qu'est-ce qu'être protégé ?* Paris, Le Seuil.

CASTEL Robert (2009). *La Montée des incertitudes. Travail, protections, statut de l'individu.* Paris, Le Seuil.

COE (2016). *L'accompagnement vers et dans l'emploi, rapport du Conseil d'orientation pour l'emploi.*

COE (2016). *Le Chômage de longue durée. Conseil d'orientation pour l'emploi*, rapport du Conseil d'orientation pour l'emploi.

COORACE (2010). « COORACE rend hommage à Philippe Seguin », Communiqué de presse, 12 janvier 2010.

COORACE (2017). *L'égalité femmes-hommes au sein du réseau COORACE*. Observatoire COORACE 2016.

DARES (2014). *L'Insertion par l'activité économique en 2012*. Analyse, n° 79.

DARES (2015). *L'Insertion par l'activité économique : modes de recrutement et capacités d'action des structures*. Analyse, n° 85.

DARES (2015). *L'Insertion par l'activité économique en 2013 ; stabilité de l'emploi et de l'activité*. Analyse, n° 46.

DARES (2017). *L'insertion par l'activité économique en 2016 : stabilité de l'emploi malgré une reprise des embauches dans les EI et les ETTI*. Analyse, n° 74.

DEMAZIÈRE Didier (2003). *Le Chômage. Comment peut-on être chômeur ?* Paris, Belin.

DGEFP (2014). Questions-Réponses sur l'IAE du 30 juin 2014.

DGEFP (2015). Questions-réponses relatives aux emplois d'avenir, 6 février 2015.

DIRECCTE GRAND EST (2017). Note sur l'aide aux postes aux AI.

DUGHERA Jacques (2010). « Les publics de l'IAE, l'insertion par l'activité économique », *Alternatives économiques*, coll. « Hors-Série poche », n° 44.

Gagnon Éric, Moulin, Pierre et EYSERMANN Béatrice (2011). *« Ce qu'accompagner veut dire »*, Reflets, 17 (1), p. 90-111.

GOSSELIN Hervé et TURAN-PELLETIER Gaëlle (2015). *Innovations et expérimentations dans le secteur de l'insertion par l'activité économique*. Rapport IGAS 2015-069R.

INSEE. « Travail – Emploi », *Insee Références*, p. 42-43.

OUHKI Lahasane. *Organisation agile dans les Groupements économiques solidaires*. Mémoire de Master 2 Management des petites et moyennes entreprises et économie sociale et solidaire, université de Rouen - IAE de Rouen.

PELOSSE Hélène, FILLION Stéphanie, CLAUDON Vincent, DANON Michaël, et COLONNA D'ISTRIA Elsa (2013). *Le Financement de l'Insertion par l'activité économique*. Rapport IGAS.

PISTRE Pierre. *Renouveaux des campagnes françaises : évolutions démographiques, dynamiques spatiales et recompositions sociales*. Thèse de Doctorat de Géographie sous la direction de Catherine Rhein, université Paris Diderot – Paris 7, 2012.

RAYNAUD Isabelle (2017). « Démarches complexes, non-recours… Vers une simplification des minima sociaux ? », *La Gazette,* 1er février 2017.

SCHWARTZ Bertrand (1981). *L'Insertion professionnelle et sociale des jeunes*, Rapport au Premier ministre, La Documentation française.

TABLE DES ILLUSTRATIONS

TABLE DES FIGURES

Figure 1. L'AI portée par COORACE au regard des engagements qualité : les trois blocs 14

Figure 2. Localisation des Associations intermédiaires COORACE en France métropolitaine 20

Figure 3. L'AI intégrée ou non à une structuration complexe 21

Figure 4. Budget moyen des AI COORACE en 2016 24

Figure 5. Évolution des heures en AI entre 2011 et 2016 25

Figure 6. Répartition des ventes d'heures par typologie de client selon le territoire 25

Figure 7. Âge des salariés en parcours 26

Figure 8. Niveau des salariés en parcours (définition Insee) 27

Figure 9. Situation des salariés intégrés en AI 27

Figure 10. Part des structures par taux de renouvellement annuel des salariés en 2016 34

Figure 11. Distribution des structures par nombre de salariés accueillis et intégrés en emploi en 2017 / total des salariés 35

Figure 12. Distribution des AI en fonction du taux de réorientation des publics accueillis et n'ayant pas obtenu de mission de travail en AI par typologie d'organisation 37

Figure 13. Raisons de la réorientation 38

Figure 14. Schéma de fonctionnement de l'AI Intermed (Besançon) 41

Figure 15. Exemple 1 de cartographie des partenariats en AI 47

Figure 16. Exemple 2 de cartographie des partenariats en AI 48

Figure 17. Lien entre taux de chômage et sédentarisation 59

Figure 18. Nature des sorties par durée de présence dans les AI pour l'année 2015 60

Figure 19. Répartition des sorties des sédentaires en AI par catégories d'âges en 2015(en %) 60

Figure 20. Raisons principales de la présence en AI des salariés de moins de 55 ans présents depuis plus de cinq ans 68

Figure 21. Raison principale de la présence en AI des salariés de plus de 55 ans présents depuis plus de cinq ans 68

Figure 22. Principales problématiques rencontrées par les salariés présents depuis plus de cinq ans 69

TABLE DES TABLEAUX

Tableau 1. Répartition des AI selon la densité de population des EPCI par quantile 19

Tableau 2. L'exemple normand : l'AI rurale et le GES urbain 21

Tableau 3. Répartition des salariés en parcours par sexe 28

Tableau 4. Moyennes mensuelles et annuelles des salariés en parcours de l'AI 52

Tableau 5. Sorties des salariés en parcours en 2016 53

TABLE DES DOCUMENTS

Document 1. Du bon usage du contrat de professionnalisation en AI 50

Document 2. Contrats aidés et stratégies de formation 50

Document 3. Contrats aidés et consolidation des droits pour les seniors 51

Document 4. L'engagement qualité pour la sécurisation des parcours 51

Document 5. Appui d'une approche multiemployeur 61

Document 6. Appui à la confiance en soi et adaptation aux contraintes individuelles 61

Document 7. Appui à un parcours d'insertion « classique » sur quatre ans 61

Document 8. Deux exemples de trajectoires biographiques de sédentaires 69

PERSONNES-RESSOURCES

COORACE NATIONAL

Éric Béasse, secrétaire général

Service administratif et financier
Mériem Hamidani, directrice administrative et financière
Sabrina El Zouagha, assistante administrative, en charge des cotisations
Agent d'entretien, Filly Dembele

Amélioration continue
Christophe Lemoine, coordinateur qualité et amélioration continue

Vie fédérale
Marie Busson, chargée de mission vie fédérale

Communication et plaidoyer
Emilie Ouchet, responsable du service
Elsa Audurier, chargée de mission communication
Marie Lombard, chargée de mission plaidoyer

Juridique
Marlène Trézéguet, responsable du service
Mohamed El Khannaji, juriste

Formation
Sandrine Chacun, responsable du service
Sophie Beaufour, chargée de projets formation
Anna Benavente, conseillère formations
Élise Loes, conseillère formations
Sébastien Molla, formateur
Philippe Vial, formateur

Innovations sociales et Développement économique
David Guillerm, chargé de mission développement économique,
Sébastien Galtier, chargé de mission innovations sociales
Samia Oggad, chargée de mission partenariats et innovations sociales

DÉLÉGATIONS REGIONALES COORACE

COORACE Auvergne-Rhône-Alpes
Nicolas Schvob
Alexandra Panayis

COORACE Bourgogne-Franche-Comté
Hélène Euvrard-Descourvières

COORACE Bretagne
Sophie Neveu
Lise Marie Chardon

COORACE Hauts-de-France
Charlotte Millereaux

COORACE Île-de-France
Flavien Kaid
Malika El Mahou

COORACE Océan Indien
Mohamed Nassor
Johny Dijoux

COORACE Normandie
Julien Alleau
Laurent Bouvet

COORACE Nouvelle Aquitaine
Aurélie Brossard

COORACE Occitanie
Nicolas Imberdis
Steve Roumeau
Rosana Vera
Nathalie Delcour

COORACE Pays de la Loire
Priscilla Rondeau
Frédérique Hery
Aline Ciriani
Patricia Ruaux
Salima Belhacen

COORACE Provence-Alpes-Côte d'Azur
Stéphane Navarro

CONTRIBUTION DES STRUCTURES À L'ENQUÊTE

_ Auvergne-Rhône-Alpes

Ain	- AIDS
	- Ainter'Job
	- Avenir
Drôme	- AIRE
Isère	- Adéquation
	- Travail et partage
	- Ulisse Services – Emploi 38
Loire	- Main-d'œuvre à disposition
Puy-de-Dôme	- Patchwork
Rhône	- Actem
	- Association Multi Services Développement
Haute-Savoie	- Coup de pouce emploi

_ Bourgogne-Franche-Comté

Doubs	- Haut Services
	- Intermed
Jura	- Terre d'emplois-Tempo
Saône	- Tremplin Val de Saône
Saône-et-Loire	- Solidarité Services
Territoire de Belfort	- Passerelles pour l'Emploi

_ Bretagne

Ille-et-Vilaine	- Aide Emploi Services
	- Le Relais pour l'Emploi
	- Ocito
	- Start'Air

_ Centre-Val de Loire

Indre	- Association Tremplin
	- Intermaide
	- Service Plus
Indre-et-Loire	- Entraide Cantonale de Montlouis
Loiret	- Gâtinais Emploi

_ Grand-Est

Meurthe-et-Moselle	- Ecoval

_ Hauts-de-France

Aisne	- Association Vermandois Emploi Solidarité
Nord	- Arche Services
	- Entraide
	- Relais emploi
	- Sewep
	- Tremplin Aider
Pas-de-Calais	- AISM
	- Espoir Littoral Services
	- Relais Emploi Solidarité
Somme	- Association ménage service
	- Ménage service

_ Île-de-France

Seine	- Optim
Seine-et-Marne	- CARED
	- Travail Entraide
	- Chantiers-Yvelines
	- ASEC

_ Normandie

Calvados	- Actif
	- AIB
	- AIRE GES
	- BAC du Pré-Bocage
	- BAC Livarot Vimoutiers
	- Dynamia
	- Le Relais
	- Vie et Partage
Eure	- ADS Emploi
	- Contact Service
Manche	- Accueil Emploi
	- Tremplin Services
Orne	- ETS
Seine-Maritime	- Agire 76
	- Brotonne-Service
	- Inter'Actif
	- ISA
	- Util'Emploi
	- Interm'Aide Emploi

_ Occitanie

Ariège	- ARCSI
	- Ariège Profession Animation
Aveyron	- ADEL
	- Chorus
	- Inter'Emploi
Gard	- Airelle
Haute-Garonne	- AMIE
	- AILES
	- AISIP
	- Entraide Partage et Travail
	- Interrelais
	- La Passerelle
	- Le Tremplin
Gers	- Énergie M4
Lot	- Initiatives Emplois
	- Quercy Contacts
Tarn	- Agriservices
	- Quartiers+

Département et région d'outre-mer

- BAC Réunion
- Tifaki Hazi

Pays de la Loire

Loire-Atlantique	- Accès-Réagis
	- Solidarité Emploi
Maine-et-Loire	- Cholet-Services
	- Espoir Services
	- Étape
	- Impacts Services
Sarthe	- SOS Emploi
Vendée	- Contact
	- Multi Service Sud Vendée

Provence-Alpes-Côte d'Azur

Hautes-Alpes	- Hautes-Alpes Emploi Relais
Bouches-du-Rhône	- Partage et Travail
	- Sainte-Victoire

TABLES DES MATIÈRES

Sommaire	5
Avant-propos	7
Les AI COORACE en quelques chiffres	7
Un chantier engagé en août 2015	8
Une journée nationale organisée le 8 juin 2016	8
Introduction. Penser l'Association intermédiaire portée par COORACE	11
L'AI portée par COORACE	12
L'AI, entre objectif d'emploi durable et sécurisation des parcours	12
L'AI, une structure hybride	13
Les sources	14
Bibliographie	14
Les sources quantitatives de la fédération COORACE	15
Chapitre I. Des Associations intermédiaires COORACE	17
Les AI COORACE : quelle distribution en France ?	18
Trois cents AI : 300 territoires ?	18
Un outil d'insertion intégré ou non à une structuration complexe	20
Des structures qui recherchent leur autonomie financière ?	22
L'évolution du cadre juridique : impact sur les modèles économiques	22
De la fonction AI à la recherche de dispositifs complémentaires	23
Les activités de l'AI en 2016, un témoignage de stratégies d'adaptation	24
Une diversité de clients économiques	24
Les salariés en parcours : l'AI à l'intersection des diversités	26
Conclusion : des AI adaptées aux publics et aux territoires	29
Chapitre II. L'accueil, une fonction au service de l'inclusion	31
Du premier accueil à l'inscription	32
Définition de l'accueil	32
Une approche quantitative de la fonction accueil est-elle possible ?	33
L'accueil : entre structure et territoire	33
Entre accueil et recrutement	34
La finalité de l'accueil : recruter ?	34
Une phase d'accueil ouverte	34
L'accueil comme outil de réorientation	36
L'AI au cœur d'un système d'acteurs territoriaux pour l'emploi	36
Pourquoi réorienter ?	37
L'accueil : le point de départ de l'accompagnement	39
Un accompagnement en phase d'accueil ?	39
De quel accompagnement parle-t-on ?	39
Conclusion : L'accueil, un quasi-service public assuré par des acteurs privés	40
Chapitre III. L'AI boîte à outils au service des parcours	43
Accompagner et missionner	44
L'AI au cœur d'un système d'acteurs : l'accompagnement en contrat	45
La contractualisation en AI : une boîte à outils	45
Des contrats au service de l'insertion	46
À bon diagnostic, bon contrat : études de cas	49
Sécuriser les parcours, répondre aux besoins du territoire	49
Sécuriser les parcours en développant les possibilités de qualification	50
Sécuriser les fins de parcours professionnels des seniors	50
La qualité au service des parcours	51
Conclusion	52
Chapitre IV. Une durée de parcours adaptée au territoire	55
En quête de réciprocité : l'AI et l'institution à la croisée des regards	56
Définir et caractériser l'IAE	56
La mise en application du cadre et ses contradictions pour les AI	57
Les sédentaires en AI : l'exemple du Calvados et de la Manche	58
Une étude pour mieux comprendre	58
Données du phénomène de sédentarisation	58

Penser la sédentarité des salariés en AI à l'aune de son insertion dans l'emploi	58
Les sédentaires ne sont pas les laissés-pour-compte de l'AI	59
Trajectoires biographiques et bonne durée de parcours	60
Exemple premier	61
Exemple 2	61
Exemple 3	61
Conclusion	62
Chapitre V. L'AI employeur durable	65
Les profils les plus exposés au chômage de longue durée sont ceux-là mêmes qui se sédentarisent	66
Un lien entre les personnes les plus éloignées de l'emploi et la sédentarité	66
Identifier les raisons	67
… pour agir avec et pour elles	68
Études de cas	69
Employeur temporaire, mais employeur solidaire	70
Aux origines des contradictions	70
Revisiter la situation des sédentaires s'ils ne pouvaient plus être accompagnés en AI	70
Penser de nouveaux outils : assumer la mission d'employeur durable	71
Conclusion	72
Conclusion	75
Autoriser l'agilité	76
Encourager et sécuriser les AI dans leur fonction employeur	76
Une fonction accueil qui demande à être reconnue et soutenue financièrement	76
Des travaux à engager pour encourager les bonnes pratiques et accompagner les structures	77
Des pistes pour enrichir la mesure de la performance	77
Coopérer avec les entreprises pour répondre aux besoins de main-d'œuvre	77
Expérimenter pour porter de nouvelles activités et créer des emplois	78
Annexes	79
Annexe 1 : inventaire des contrats mobilisables en AI	80
Annexe 2 : fiche CDDUA : Contrat de travail commenté (24/08/2015)	81
Annexe 3 : étude comparative des coûts du travail par SIAE	82
SIAE de moins de 10 salariés (hors prévoyance)	82
SIAE de plus de 10 salariés et pas de prévoyance	82
SIAE de plus de 10 salariés et prévoyance	82
SIAE de plus de 10 salariés, prévoyance et CITS	82
Références	83
Table des illustrations	87
Table des figures	88
Table des tableaux	89
Table des documents	89
Personnes - Ressources	91
COORACE national	92
Délégations régionales COORACE	92
Contribution des structures à l'enquête	92
Auvergne-Rhône-Alpes	92
Bourgogne-Franche-Comté	93
Bretagne	93
Centre-Val de Loire	93
Grand-Est	93
Hauts-de-France	93
Île-de-France	93
Normandie	93
Occitanie	93
Département et région d'outre-mer	93
Pays-de-la-Loire	93
Provence-Alpes-Côte d'Azur	93

© 2018, Julien Alleau ; Laurent Bouvet ; Marlène Trézéguet ; Françoise Leroy
Edition : Books on Demand,
12/14 rond-Point des Champs-Elysées, 75008 Paris
Impression : BoD - Books on Demand, Norderstedt, Allemagne
ISBN : 9782322161843
Dépôt légal : Novembre 2018